安全防卫搏击

勇狮行研学堂　编写

南京大学出版社

图书在版编目(CIP)数据

安全防卫搏击 / 勇狮行研学堂编写. -- 南京：南京大学出版社，2020.7(2022.1重印)

ISBN 978 - 7 - 305 - 23535 - 1

Ⅰ. ①安… Ⅱ. ①勇… Ⅲ. ①防身术－教材 Ⅳ. ①G852.4

中国版本图书馆 CIP 数据核字(2020)第 116113 号

出版发行　南京大学出版社

社　　址　南京市汉口路 22 号　　　　邮　编　210093

出 版 人　金鑫荣

书　　名　**安全防卫搏击**

编　　者　勇狮行研学堂

责任编辑　苗庆松　　　　　　　　　编辑热线　025 - 83592655

助理编辑　孙　辉

照　　排　南京南琳图文制作有限公司

印　　刷　南京百花彩色印刷广告制作有限责任公司

开　　本　787×1092　1/16　印张 8.25　字数 210 千

版　　次　2020 年 7 月第 1 版　2022 年 1 月第 2 次印刷

ISBN 978 - 7 - 305 - 23535 - 1

定　　价　24.80 元

网址：http://www.njupco.com

官方微博：http://weibo.com/njupco

官方微信号：njupress

销售咨询热线：(025) 83594756

本书编审委员会

主　任　吴跃章

委　员（以姓氏笔画为序）

　　　　卜全民　叶　欣　吕金铃　沈惠章

　　　　张　军　陈绍军　周乐山　周　波

　　　　谢海军　蔡　栋

本书编写成员

主　编　周　波　叶　欣

副主编　腾德山　齐凤超

前　言

　　本教材是在笔者前期编写的著作《警务搏击》基础上，根据安全防卫、公安机关辅警队伍身体、能力现状和工作需要而编写。旨在提高安防人员徒手进行防卫与控制的能力，使其更好地履职，保障安防人员、人民群众的生命和财产安全，同时为了使公安机关落实好 2016 年11 月国务院办公厅印发的《关于规范公安机关警务辅助人员管理工作的意见》和支持公安部、中央机构编制委员会办公室、民政部、人力资源和社会保障部印发的《关于规范公安机关警务辅助人员管理工作的通知》。

　　《安全防卫搏击》共包括七章内容，第一章安防搏击概述，介绍了安全防卫搏击的概念与作用、安防搏击训练内容的构成与特征以及安防搏击理念创新；第二章安防搏击的训练原则，介绍了实战出发、动机激励、直观性、适宜负荷和区别对待等九个训练原则；第三章安防搏击的基本技术，介绍了格斗姿势与基本步法、拳法、腿法、摔法以及控制与防守等七类技术；第四章安防搏击训练方法与手段，介绍了安防搏击技术的训练方法与手段，以及安防搏击体能的训练方法与手段；第五章安防搏击训练计划制定的理论与方法，介绍了安防搏击训练计划概述、多种训练计划及其制定办法；第六章安防搏击训练的营养与恢复，介绍了营养与恢复的现实意义、基础营养与保障和训练后的恢复，为训练的时效性提供理论支持；第七章安防搏击训练常见运动损伤的预防与治疗，介绍了常见运动损伤的原因与预防及常见运动损伤的诊断与治疗，为训练中出现常见的损伤救治提供理论指导和方法支持。建议读者在使用时全面掌握每章知识，提倡训练的科学化，减少运动损伤。

　　在编写过程中，编者对公安机关、安保公司等进行了调研，为教材内容获取了大量的一手资料。在编写过程中尽量将访谈对象的口述材料、视频材料转化为有价值的文字、图片资料，但是受信息载体的类型限制，有些有价值的信息可能无法呈现或呈现得不够精准。另外，本教材编写是以发展学习者的防身自卫、辅助执法能力为目的，具体运用还要遵守国家法律、法规、相关制度和依据具体情况。此外，每章配有二维码，可以通过微信扫码获取相关资源。

　　由于时间和编者能力有限，教材难免存在不足之外，希望各位读者能够提出宝贵的意见。

周　波

2020 年 7 月

目 录

第一章 安防搏击概述

第一节 安防搏击的释义与作用

一、安防搏击的释义

安全防卫搏击(简称安防搏击),是一种与擒拿或者擒敌、格斗、擒拿格斗及徒手防卫不尽相同的技能,它是指根据安全防卫人员的具体职业需求所应具备的一项徒手防卫及控制技能。对于安防搏击所应具备的重要职业技能的认识因人而异,如对于"擒拿格斗技术"的认识,是在实际工作过程中,在不允许使用器械的情况下,针对人体关节的活动规律、身体要害部位的生理机制及相对薄弱环节,采用突袭的方式结合踢、打、摔、拿等综合技术对执法对象进行控制的一项专门性技术。该技术兼顾对抗性与实战性,动作刚劲有力、勇猛迅速、随机应变、与身体协调配合。

"擒敌技术"指在工作行动过程中,安全防卫人员根据人体关节的活动规律、要害部位的生理机制及相对薄弱环节,采用灵活多变的技术制服擒获犯罪嫌疑人或犯罪分子,以制止其违法犯罪行为并进行自我保护的一项专业性技术。根据人体各关节的活动及规律,擒拿格斗术使用抓、按、点、挑、捆、拧、锁、扣等手法,以破坏人体筋骨的正常功能,致使抓捕对象的关节、韧带和软体组织产生剧烈疼痛或脱臼等创伤从而使其丧失反抗能力,进行有效控制的一项专门技术。

擒拿和格斗统称为"擒拿格斗"。该课程主要包括三方面:散打技能、擒拿技能、器械使用技能。擒拿格斗是独具安防人员特色的特殊擒敌技能课,它以徒手制服犯罪分子为目的,是安防人员与犯罪分子进行斗争的必备技能,也是安防人员执法过程中使用的强制性手段之一。

擒拿格斗以擒拿为核心,辅之以踢、打、摔、拿、搜、铐、押等手段,是一项在法律的约束下,严格按照擒敌自卫的要求,将打击和控制犯罪作为最终目的的战斗技术。而安防擒拿格斗契合擒拿格斗的主旨,通过总结长期实践经验,依据擒拿格斗的固有规律和特点,结合实战运用的研究,形成了具有安全防卫特色的特殊擒敌技能。它不仅是安防人员在行动中的强制性手段之一,还是保证安防人员顺利执行职务的必要实战技能。

安防搏击是安防人员在面临不准或不能使用器械的任务执行过程中,以法律为准绳,将踢、打、摔、拿等技法作为基本手段,用以制服或者抓获犯人的一项专门技术,同时也是安防人员保护自身安全、确保顺利执行任务所必须掌握的一项重要安防技能。擒拿格斗是由踢、打、摔、拿的手法综合进、退、闪、躲等身法,集攻防为一体的综合性实用技术。

上述释义,就其目的而言,均是确保安防人员在执行任务过程中,在面临不能或不适用器械的情况下,采取徒手的形式制服或抓获犯罪嫌疑人以确保自身安全及顺利执行任务。其差异如下:

① 名称:从名称上看,上述释义大多沿用了部队的名称,如《擒拿》《格斗术》及《擒拿格斗》等,同时有一些教学单位也增加了《散打》《摔跤》《武术》《拳击》等搏击课程;

② 内容:从内容上看,教学内容大多数都沿袭了二十世纪九十年代的武术套路、警体拳、拳击、摔跤等散打技术,与擒敌相配套;同时铐、押等技术也会作为教学内容;

③ 使用方式:从使用方式上看,大多数的安防搏击都是通过突然袭击及击打对方要害部位和薄弱环节的方式来控制他人;

④ 教学训练形式:从教学训练形式上看,在大多数的学校中,《格斗》和《擒拿》相对独立,作为两门单独的课程。其中,擒拿(M ZC953)的主要课程特色为抓捕技能的传授,它的内容体系与军队中的《捕俘技术》和武警的《擒敌技术》一样,主要内容是固定配合的动作或突然袭击或关节控制。而格斗(M ZB571)多指三大技能,主要内容是以拳、脚、膝、肘攻击技术为主体的教学;

⑤ 教学训练的时数:从教学训练的时数上看,一般公安院校都按照一定的课时分不同的学期进行教学,《擒拿》与《格斗术》两门教学课程大多为 30～48 学时,抑或是将《擒拿格斗》归结为一门课程,课时为 72～96 学时不等,但究其教学内容,仍将擒拿和格斗分开;

⑥ 技术传授形式:从技术传授形式上看,大多数搏击课程偏离安全防卫的执法需求,多按照竞技搏击项目规则(击打部位、时机等)传授技术。

为促使安防保卫人员所掌握的技术更加契合实际工作需要,突破传统的以技术传授为中心的分割模式,最终形成一个更具安全保卫执业特色的擒拿格斗技术体系,我们查阅大量文献资料、走访武警总队、深入基层工作单位了解安保人员对于擒拿格斗技术的需求,最终得出竞技体育项目中的搏击技术相对于武警部队中的擒拿技术对于安全保卫人员来说更实用的结论。因此当务之急是将竞技体育搏击项目的技术与安全保卫人员的职业特点相结合并嫁接到擒拿格斗技术中去。不同类型的搏击各有所长,正是其组成了相对完善的内容体系,动作技术的取舍及有机融合符合安防学院的教学实际。经多方反复研讨,我们认为:当安全防卫人员与违法人员距离较为接近时,安防人员可以运用腿脚技术;当距离进一步缩减时可以运用拳法、肘法、膝法;直至贴身时可采用柔道或摔跤中的一些实用技术控制住违法人员。这正与竞技体育中的个别技术相契合,这些技术相对简单,练习者能在短时间内掌握并将其运用于实战。因此竞技体育中的搏击技术的融合对于促进《安防搏击》课程的形成具有一定的现实意义。

通过以上分析得出,安全搏击是安全防卫人员为了有效制止违法犯罪行为,控制违法分子或在其自身遭受侵害时,面临不准或不能使用器械的情形下,通过踢、打、摔、控等徒手形式,制服违法分子并保护自身安全,确保顺利执行任务的一种专门技能。它既是安防人员在执行工作的强制性手段之一,也是其面对违法分子进行斗争的必备技能,更是安防院校中一门重要的专业基础课程。而安防搏击是汲取竞技体育中的搏击技术的精华,嫁接至安防的徒手防卫与控制技能之上的,通过前后连贯、紧密衔接的踢、打、摔、控技术,汇集体能、技能、心理为一体的具有安防职业特色的徒手防卫与控制技能。

二、安防搏击的作用

（一）安防搏击是安防保卫人员制约和控制违法分子的有效手段

在日常生活中，安防人员在工作中受伤、牺牲的事件时常发生，究其原因，是安防人员徒手搏击能力不足，自我防卫意识欠缺，抓捕技能不精，训练缺乏等。实践证明，在实际工作环境中，徒手搏击能力对安防人员至关重要。徒手控制技能的掌握，是安防人员面临违法分子的一项重要制服及防卫措施。该技能的熟练程度，决定着安防人员是否能攻守自如，对现场进行控制，力争以最小的损失获得最大的胜利，有效完成执法任务，履行自身职责。

（二）安防搏击是锻炼身体、增强体质的重要手段

通过安防搏击中的体能、基本功、基本技术、半对抗、实战对抗等阶段，以基本功、踢、打、摔、控等基本技术为手段的反复训练，不仅能让练习者提高踢、打、摔、控等徒手搏击能力，有效打击和震慑犯罪分子，还能全面发展人的力量、速度、耐力、柔韧、灵敏等身体素质，从而能促进人体各器官、系统机能全面发展，增强练习者的体质。

安防搏击中的基本功、基本技术、实战对抗的锻炼及以功、踢、打、摔、控等基本技术为手段的反复训练，在提高练习者徒手搏击能力有效打击犯罪分子的同时，还能增强练习者个人身体素质，训练其速度、耐力、灵敏等体制，增强人体器官及系统机能全面发展，最终提高其体质。

（三）安防搏击是提高安防人员的工作能力和树立良好形象的重要方法

在熟练掌握安防搏击的基本技能并将其运用实战的过程中，需要通过大量高强度的重复训练。在此过程中，练习者的徒手控制能力和综合身体素质得到了有效的提升。与此同时，勇猛顽强、机智果断、坚韧刚毅、吃苦耐劳、服从命令、听从指挥等安防人员应具备的职业特质也得到了锻炼及提升，安防队伍整体的工作能力得到了有效提升。队伍综合实力的提升伴随着执法行动效率的提高，这对安防人员高效制止违法犯罪分子，弘扬社会主义正能量，树立良好的安防形象起着重要作用。

（四）安防搏击是安全防卫人员生命安全的保障

安防搏击课程最为直观重要的作用便是为安防人员提供生命安全保障。由于诸多主客观原因的限制，徒手控制技能是有效避免安防人员在工作中伤亡的最重要的因素。此外，这项技能还拥有无法替代性，它决定着安防人员的生命安全。为此，在安防院校增设安防搏击课程具有重要意义。安防搏击课程教导教官和学员从生命的角度来认识其价值和功能，生命只有一次，过硬的体能和杰出的技能是安防人员在工作中维护自身生命安全的重要保障。

（五）安防搏击是安防人员战术运用的基础

安防人员贯彻执行任务的基础是过硬的体能与扎实的技能。安防搏击以踢、打、摔、控技术练习为手段，主要通过锻炼练习者的体能、训练基本功和基本技术、进行半对抗实战对

抗等教学方式,促使练习者自身得到全面的发展。因此,在学习安防搏击的过程中,训练者不仅要学习踢、打、摔、控等徒手控制技术,更要对自己的身心进行发展练习,促使自己练出过硬的身体、技能及心理,为今后的工作打下坚定的基础。

(六) 安防搏击是提高安防人员心理素质的有效途径

安防人员的个人心理素质也是安防人员在执行任务过程中的重要支撑。实践证明,安防人员在执行任务过程中心理的紧张程度与自身实力密切相关,安防人员自身实力越强,其心理紧张程度越低。当遇到体格强壮之人时,安防人员的心理素质显得格外重要。因此,安防人员在进行体能、技能训练的同时,还能提高其应激心理素质,强大的心理素质将支撑安防人员在应对危险时沉着应对。

第二节 安防搏击训练内容的基本构成与特征

一、安防搏击训练内容的基本构成

《安全防卫搏击》课程作为一个完整的体系,其内容的组成符合由易到难、由简到繁、由一般到特殊的人类社会认知事物的规律,也与人类动作技能的形成规律相符。由低到高的主要内容包括:

(一) 体能与自我保护技能

1. 体能

力量、速度、耐力训练是体能训练的主要内容。此外,也可以通过基本功的学习和练习来发展体能。

2. 自我保护技能

(1) 跑跳练习类:小步跑、高抬腿、前踢腿、后踢腿、里合腿、外摆腿、交叉步、侧滑步、后蹬腿、跨步跳、冲刺跑、跳起抱双膝、跳起投球、跳起转跨、跳起后展、跳起扣球、跳起旋转等。

(2) 垫上一般活动类:猴形、虾形、兔跳、蛙跳、海豚、跪撑移动、双手支撑绕环、双手支撑扫腿、双手支撑左右翻身、双手爬行、三点支撑活动颈部、桥摆、过头翻、绕头跑、倒立、跪跳起、矮子步、后倒地、双手后撑跑、互插、跤架移动等。

(3) 滚翻类:前滚翻、后滚翻、侧滚翻、鱼跃前滚翻、鱼跃侧滚翻、头手翻、头手翻(过人)、前手翻、侧手翻、后滚软翻、后滚软翻推手起、倒立接前滚翻、倒立软下、侧空翻、后空翻、后空软翻、毽子接后空翻、毽子接侧空翻、毽子接前空翻、其他组合动作等。

(4) 踢腿类:弹踢、正踢、侧踢、里合、外摆等。

(5) 双人配合练习类:双人压肩、后背伸展、后背翻身、跳山羊、推小车、巨人步、车轮滚、沉肩翻腰等。

(二) 基本技术

(1) 拳法:直拳、摆拳、勾拳(空击、打靶、打沙袋)

（2）腿法：鞭腿、侧踹、正蹬（空击、打靶、打沙袋）

（3）摔法：倒臂转移、潜入转移、拉头转移、抱单臂过背、单臂揣、挟颈背、大捌子、抱单、双腿摔、扣腿摔、手捌摔、下把背、挂腿、跪腿、挑钩子、踢腿、穿腿、插闪、拉底手操把过胸、抱单臂过胸口、反挟颈背过胸

（4）肘膝技术：击肘、顶膝

（5）控制技术：控制手臂、控制颈部

（6）防守技术：防守基本姿势、防转移、防单臂揣、防抱单臂过背、防挟颈背、防抱腿、防大捌子、防控制

（三）半对抗训练

（1）抢夺手臂转移

（2）抢夺手臂冲顶抱单臂过背

（3）抢夺手臂冲顶挟颈背

（4）抢夺手臂冲顶手捌子

（5）抢夺手臂抱单、双腿

（6）抢夺手臂转冲顶插闪

（7）抢夺手臂转冲顶单臂揣

（8）抢夺手臂转冲顶过胸

（9）拳法半对抗（移动打靶）

（10）腿法半对抗（移动打靶）

（四）条件实战训练

1. 贴身站立摔条件实战

（1）抢夺手臂转移摔条件实战

（2）抢夺手臂冲顶抱单臂过背条件实战

（3）抢夺手臂冲顶挟颈背条件实战

（4）抢夺手臂冲顶手捌子条件实战

（5）抢夺手臂抱单、双腿条件实战

（6）抢夺手臂转冲顶插闪条件实战

（7）抢夺手臂转冲顶单臂揣条件实战

（8）抢夺手臂转冲顶过胸条件实战

2. 控制技术条件实战

（1）控制手臂条件实战（条件：面对面、背靠背、面对背）

（2）控制颈部条件实战（条件：面对面、背靠背、面对背）

3. 站立摔接控制条件实战

（1）站立摔接控制手臂条件实战

（2）站立摔接控制颈部条件实战

4. 拳法、腿法条件实战

（1）拳法条件实战（护具）

（2）腿法条件实战（护具）

（3）拳、腿组合条件实战（护具）

（五）实战训练

（1）安防搏击模拟实战（护具）

（2）安防搏击实战（护具）

二、安防搏击的特征

（一）实战性

安防搏击技术的熟练性、有效性、灵活性及执法对象的敌对性长期以来被忽视。取而代之的是一种以武术套路、警体拳、拳击、摔跤等散打技术及竞技体育观点来理解安防徒手防卫及控制的目的和任务。这一观点过多地强调技术的规范性、统一性及对手配合的主动性、协调性与安全性。它遵循固定的动作及场地和状态，并要求无量化的时间，熟悉的被抓捕对象也是大前提。这与真正的安防搏击目的相背离。

安防搏击立足于"实战性"。实战性指导着安防人员在执法过程中正确处理攻防关系，运用体能与徒手技能，理解技术熟练程度与有效使用的关系。安防搏击通过其实战性形成了一套攻防兼备、系统完善、"远踢、近打、贴身摔接控制，重点在控制"的安防搏击技术体系。在进行训练时，安防搏击首先为练习者注入科学的训练理念和训练方法，在重视教学体能、技能的同时兼顾心理和实战，形成一套综合教学训练，确保练习者掌握的徒手防卫及控制技能能够有效转化为执法过程中的实战技能，且能够根据实际情况灵活运用。

（二）技术的简洁性

依据安防工作人员实际需求及动作技能的形成规律，《安全防卫搏击》所教授的动作遵循"简洁性"原则，考虑到实用性及易学性，它不仅借鉴了散打及拳击的拳法和腿法，还参考了柔道和摔跤中的某些简单的摔法和控制技术。简而言之，三拳、三腿、四种摔法共同组成了安防搏击的全部技术，与此同时，擒拿格斗技术中的几个擒拿动作与其相衔接，符合安防实战的需求。

（三）全面性

安防搏击的全面性包括以下三个方面：

首先是安防搏击内容体系的全面性。攻击型技能和控制性技能是安防人员徒手控制技能的重要组成部分。攻击型徒手技能主要是通过对违法犯罪人员的直接打击造成其身体失去平衡或受伤、失去犯罪工具等，促使对方失去继续实施犯罪的可能和条件。控制型徒手技能则是指通过摔跤等控制技能致使犯罪分子身体活动受限制而无法继续实施违法犯罪活动。《安全防卫搏击》的内容体系打破了原有将两者分割的教学训练模式，将两者融合，形成一套既有拳、脚等攻击技术,也有摔法控制技术的连贯全面的一门课程体系。

其次是安防搏击训练内容的全面性。安防搏击训练注重体能、技术、能力及心理的全面发展。目前的徒手防卫及控制技能采用分割式的教学训练,格斗只注重格斗技术的传授,擒拿亦是如此,均忽略了体能的发展。体能作为学习技术的重要前提,是将所学技能活学活用的重要保证。因此,体能的发展也是学习安防搏击的重要一环。

最后是安防搏击教学训练的全面性。在安防搏击教学过程中,在进行专门的体能训练的同时还会辅之以专项技术练习,并运用半对抗训练、实战训练等手段来提高练习者的技术运用能力,增强其心理素质及应对不同对象及环境时灵活使用技术技能的能力。

第三节 安防搏击理念创新

一、搏击类课程在公安院校的开设情况

公安院校最早开设的搏击类课程名为《擒拿格斗》或《擒敌》,目前许多公安院校仍在沿用这一名称。该课程以中国武术为基础,吸取散打、拳击、柔道、摔跤等搏击项目的技术,以军队《捕俘技术》和武警《擒敌技术》为框架,依照我国公安工作的具体性质、特点及要求形成,并通过长期公安工作实践逐步发展和完善。随着时代的发展及教育改革的变化,原有的教育课程已不符合当前社会发展的需求,条件及情况的变化致使公安民警学习原先的擒拿格斗技术难以实施。而体能、心理教学内容的缺失也限制了公安民警在实战过程中的良好发挥。为了提高公安人员的搏击技能,面对公安民警的教学改革逐渐兴起,20世纪90年代后,搏击类课程逐渐进入公安院校,主要课程内容为武术、散打、拳击、摔跤等(详见表1-1)。其中,擒拿格斗、拳击、散打开设院校最多,且都以必修课的形式出现,其余项目则多以选修课的形式进行开设。某些学校还实行段位制的拳师及武师制度来充分调动学员学习的积极性。这些课程的改革与实践都为搏击类课程在公安院校的设立奠定基础。

表1-1 搏击类课程在公安院校的开设情况一览表

主要搏击项目名称	开设学期	课程形式	课时(学时)
擒拿格斗、散打、拳击、跆拳道、硬气功	多数在第二、三学期	多为必修课	32~300
摔跤、柔道、武术、国外搏击术	第四学期	/	多数在32~48

(一) 按竞技体育项目实施条块分割教学训练模式

公安院校将散打、摔跤、武术、拳击、硬气功、跆拳道等竞技体育搏击项目引入警察体育课程中并按照竞技体育教学模式进行教学和训练,借以提高预备警员的徒手搏击能力。每个项目的教学课时约在24~48学时之间,任课教官都从最基本的内容开始教学,忽略了项目之间的衔接,每项课程教学内容和时间不相匹配,严重影响了预备警员对徒手搏击项目的理解与思考,致使其缺少了系统化、实践化、熟练化的综合性认识。

（二）未按动作技能形成规律进行教学和训练

警察徒手搏击是一项极具操作性的综合技能,参照欧美国家警察训练理论,警察掌握一项实操技能需要经过四个阶段:① 无意识、无能力阶段;② 有意识、无能力阶段;③ 有意识、有能力阶段;④ 无意识、有能力阶段。这四个阶段是安防技能在实战中运用所必须经历的。由此可见,一项技能的操作训练,在时空中是分阶段连续展开和发展的。一定时空的保证是能力实训卓有成效的必要前提。

这个理论可凝练成中国传统教育学中的八个字:熟后成习、熟能生巧。该理论与我国心理学及运动训练学技能的形成规律相同。详见表1-2。

表1-2　安防实战技能形成阶段

技能形成阶段	欧美警察训练理论	心理学理论	训练学理论
第一阶段	无意识无能力阶段	认识阶段	泛化阶段
第二阶段	有意识无能力阶段	分解阶段	分化阶段
第三阶段	有意识有能力阶段	联系定位阶段	巩固阶段
第四阶段	无意识有能力阶段	自动化阶段	自动化阶段

不管是欧美警察安防技能训练理论还是心理学技能理论,相同点在于动作技能的形成及掌握需要经历从不知到知、从不会到会、从不熟练到熟练再到运用的完整过程。通过对动作反复练习才能形成一定的技术,再通过对技术的练习,使技术最终达到"自动化",实现无意识使用能力的阶段。为达到这一阶段,需要一定的时间反复多次的练习,促使肌肉、骨骼、神经系统之间默契配合、紧密协作。这是熟练掌握动作技能过程中不可逾越的一项规律,警员的徒手防卫和控制技能也是如此。在实战过程中,警察所掌握的安防搏击技能必须定力定型并达到自动化的程度,才能有效面对复杂的执法环境及执法对象。

而现阶段几十个学时的课程教学训练远不能达到技术的熟练化与自动化,无法使练习者熟练掌握不同搏击项目的动作技能。这种条块式的教学模式在针对学员提高实战能力的深层次教学上,很难奏效。而警员缺乏自动化的安防实战技能,在执法过程中无法适时行动。

（三）注重技术规格传授,脱离技术运用与警察执法实际

在公安院校中开设搏击课程主要是为了使学员在错综复杂的实战过程中能够灵活运用技术。但在实际教学过程中,落后的静态化的教学训练方式未能紧密结合公安实战工作性质和任务。在公安实战中讲究攻击与控制的实效性,因此不能在搏击类课程中以原有的规则和裁判约束学员的搏击技能。再如在实战过程中,是以"踢、打、摔、拿、控"为一体的自卫制敌技法为核心,但在搏击类课程教学训练过程中缺乏集多项技能为一体的教学,大大降低了教学的实效性。此外,良好的体能及心理素质也是公安院校学员所需掌握的,但是课时的短缺及其他客观条件的限制使搏击类项目在教学训练过程中更注重技术规格的传授,脱离了公安工作的实际。在今后的长期发展中仍需深入的研究。

二、安防搏击的创新

（一）制约安防人员徒手搏击能力的因素

一项技能的形成一般都经历如下过程：

动作→通过练习→技术（掌握了完成动作的方法）→通过练习→技能（具备了完成动作的能力）→通过练习→技巧。

学习和掌握安防实战技能的一项重要基础和前提就是良好的体能，因此在学习安防徒手控制技能和动作之前需要具备一定的体能储备。技能的熟练程度是安防人员在实战工作中能否准确运用徒手控制技能的关键。当练习者技能达到熟练化并稳固定型后，体能的优劣又将决定安防人员徒手控制技能的关键。技术的发挥程度取决于个人的反应、速度、力量、耐力。因此，对徒手防卫与控制技能来说，在实战中成功的关键因素是安防人员的体能。

（二）安防搏击的理念创新

安防学院搏击项目的教师是搏击项目在安防院校能否广泛开展的决定性因素之一。具有创新力及开拓精神的教师会主动推进搏击项目的教学改革，也会发现安防学院搏击项目与竞技体育的不同之处，他们都会力求解决该问题，为两者成功融合打造桥梁。

《擒拿格斗》这一课程改革的总体思路是运用实战理念统筹搏击课程的教学改革：① 理念上充分贴近实战，以满足实际工作的需要；② 技术上打破条块分割的教学模式，融会贯通散打、摔跤、武术、拳击、柔道等搏击项目的精华部分，形成简单、实用、易掌握的集踢、打、摔、拿、控紧密为一体的技术；③ 教学训练上充分遵循技能形成规律，确保练习的时间和次数；④ 教学训练手段上借鉴体育的科学训练方法，尽量缩短动作技能形成时间，致力于形成一套系统、完善、可操作性的具备实战要求的同时又具有鲜明教育特色的教学训练体系。

这里所说的安防搏击是一门综合散打、摔跤、武术、拳击、柔道等搏击项目的技术精华为一体，秉持安防实际工作训练的理念，遵守安防人员在工作过程中实战、实际、实用的原则，而形成的一门独立课程。课程的基本技术包括踢法、打法、摔法、拿法、控制，简单且易掌握，有助于练习者形成稳定的动力定型，促使学员技术朝着实用化发展。

（三）安防搏击的创新点

1. 将众多搏击课程融合为一门完整独立的课程

该课程考虑安防工作的实际需要，综合踢、打、摔、控等技术，避免在教学过程中的条块分割和重复时间的浪费，成为一门完整独立的课程。

2. 打破了竞技搏击模式，更加符合安防工作的实际需要

竞技体育中的散打、摔跤、柔道、武术、拳击，每个项目都制定了详细的规则，且在训练过程中都会受到规则的制约。但是在安防工作中，目的就是将违法人员完全控制。因此，《安全防卫搏击》课程进行了大胆的改革，打破原有的体育竞技项目搏击模式，严格按照不伤及违法人员和控制违法人员的准则，更符合实际安防工作的需求。

3. 将体能、技能、心理的教学训练融为一体

安全防卫搏击课程始终将体能训练贯穿整个教学训练过程中,将体能与技能融合在一起进行训练,在提升技能的同时也提高了练习者的体能,避免了将两者分开练习的枯燥无味,解决了由于体能较差而影响技能学习的问题,促使体能和技能的高度统一。当练习者的体能与技能达到一定水平后,就进入有条件的对抗和入关对抗状态,最后进行实战对抗的训练。在这一系列过程中,练习者的心理也得到了极大的锻炼。练习者优良的意志品质和作风得到了培养。通过练习,练习者的体能和技术得到极大的提高,自身实力的增强促使练习者自信心的提高,也增强了个人的意志。因此,安防搏击是集技术、战术、体能、心理四位一体的创新课程。

【微信扫码】
相关资源

第二章　安防搏击的训练原则

安防搏击训练拥有其基本原则，该原则是依据安防搏击训练活动客观规律反应的组织训练应当遵守的基本准则，指导着安防搏击训练的实践。而安防搏击运动训练的客观规律是指在实际训练过程中，系统内部构成要素之间、内部与外部各个相关因素之间，在结构与功能上具有的本质联系及发展的必然趋势。这些本质及趋势不断重复出现在安防搏击运动训练过程中，在一定程度上影响或决定着安防搏击整体的训练进程。

安防搏击的训练规律不以人的主观意志为转移。安防搏击在运动训练中具有的基本规律又称作安防搏击运动训练原理。在实际训练过程中，组织者与参与者应正确认识和理解运动训练的规律，严格遵照安防搏击的训练规律，以取得良好的训练结果。

安防搏击训练的基本原则如下：实战出发、动机激励、直观性、系统性、周期性、适宜负荷、适时恢复、区别对待、有效控制等。

第一节　实战出发原则

一、实战出发原则的释义

安防搏击指导安防人员利用远踢、近打、贴身摔接控制等方式进行搏击对抗。因此，在训练时，每一项基本动作都需要考虑到其实战性，且要经受得起实战实践的检验，力求将所有不符合实战的花架子都予以剔除。

从实战出发的原则要求一切从实战、实用、实际出发，科学化地划分训练的阶段及内容、方法、手段等因素。在这个原则的指导下，训练与实战要求更为贴合，从而有效提高安防搏击训练的针对性、实效性及实战性。

二、实战出发原则的科学依据

（一）安防搏击的训练目标和任务导向性

从实战出发的原则符合安防搏击训练的目标和任务。安防搏击的训练活动都应符合既定的目标和任务，以便在实战过程中达到良好的效果。为此，安防搏击训练的内容、方法、手段、训练负荷的量及强度、节奏的安排等都应切合实战、实际、实用的原则组织实施，确保在训练中保持正确的方向。

（二）安防搏击的实战需求特异性

安防搏击具有实战需求特异性，需要练习者拥有独特的实战竞技能力结构。体能、技能、战术、心理和运动技能等均为实战竞技能力结构的组成要素，不同要素在安防搏击运动中起着不同的作用。在训练和实战过程中，受训者的身体形态、身体素质、技术、战术、心理和智能起着决定性作用。因此，全面而深入地认识和了解实战中能力结构的特异性，能够正确选择与实战相匹配的训练内容、手段及运动负荷安排，有效组织训练的计划和过程。

（三）安防搏击训练的专项化发展态势

社会不断发展，随之而来的安防工作环境愈发复杂，面临的对抗性也愈发激烈，这使得在安防搏击训练的时候需要将提高能力训练放在第一位，而搏击训练的内容、方法、手段及量和强度相对来说逐步专项化。初学者的基础训练也将实战的需求作为指导方向，为后续的高阶训练奠定扎实基础。为此，早期的基础训练与高阶训练可以有机衔接，科学、系统化地提高自身实战技能，适应安防工作的实际需要。

三、贯彻实战出发原则的训练要素

（一）以基本目标为导向

安防搏击训练的基本目标切实反映实际工作需要，因此，制定训练计划的时候，教官应对学员的现实情况做出科学、合理的分析及诊断，针对学员条件进行探讨及研究，对学员的体能潜力做出客观评价，科学安排训练，达到良好的训练效果。

（二）精准分析实战能力结构

安防搏击的特异性决定着实战能力结构与其他项目存在差异性。实战性原则要求安防搏击训练必须从实际需求出发，准确分析学员实战能力的构成和决定性因素。因此，科学判断分析安防搏击实战特异性及学员实战能力组成因素将作为教官确定训练内容、方法、手段及负荷的重大依据。

（三）依据实战出发原则确定负荷内容和训练手段

安防搏击学员的实战能力及其自身的具体情况，将决定其训练的内容、负荷及手段。对抗性的控制内容是安防搏击的基本特征之一，由此，学员不仅需要熟练掌握安防搏击的基本技术和基本战术，具备良好的身体素质和形态，还需要敏捷的应变能力及稳定的心理状态。因此，教官需要根据这些具体条件来确定和安排学员训练的内容、负荷和手段。

（四）关注合理的训练负荷内容结构

学员的实战能力构成有较为明显的规律性。总的来说，发展体能的练习、发展技能和战术能力的练习、发展心理能力和智能的练习构成了负荷内容。不同程度的训练负荷比例需要考虑到不同学员的身体条件、训练水平、训练阶段及项目的特质性等多种因素。因此，学员需要拥有大量的知识技能储备,并能在实战中保持良好的心理状态、稳定的体能和敏捷的反应能力。与此同时,还需针对不同学员自身实战能力特点,安排心智训练内容和手段。遵循从实战出发的原则,有利于提升训练效果。

第二节　动机激励原则

一、动机激励原则的释义

动机激励原则是指在运动训练过程中通过各种方法和途径激励运动者主动从事艰苦训练的行为,换言之,努力激发运动者的积极性、主动性,培养其独立思考、创造及自我控制的能力,促使其最大限度地完成高质量、高效率的训练任务。因此,需要明确安防搏击训练的目的是培养勇敢拼搏的精神、过人的体能及高超的搏击技术,以便在实战过程中顺利抓捕犯罪嫌疑人,有效避免自身伤亡,成功完成工作任务。

二、动机激励原则的科学依据

(一)成功动机是学员参加训练的核心动力

"动机"指的是促使人们从事某些活动的内在动因。人们参与某项活动时都抱有美好的愿望,成就动机会激励和鼓舞人们,使其自觉、积极地参与到活动中。安防搏击训练需要经历长时间,是个复杂的过程,在这一过程需要付出巨大努力,但结果充满不确定性。所以,激发学员强烈的训练动机,是取得良好训练效果的核心动力。

(二)身体训练的长期性和艰苦性

安防搏击作为一项综合性技术,其训练不是一蹴而就的,需要学员长时间、系统化的刻苦训练并承受巨大的心理和生理负担。除此之外,在长期的训练过程中,学员可能会经受多种内外环境因素的困扰,比如伤病、训练发展水平的瓶颈、学员与教官间沟通不协调以及社会、心理、生理问题的出现,这些问题都会导致学员产生焦虑、紧张、困惑、压抑、信心不足、兴趣丧失等负面情绪。这时,需要教官及其他心理教辅人员从学员自身及外部角度激励他们保持初心,坚守最初的训练动机,以自信自豪的态度看待从事的训练任务,使他们在繁忙艰苦的训练中体会成功的喜悦,树立训练新目标。只有这样,学员才能在日复一日、年复一年的单调艰苦的训练中获得身体及心理的满足,向更好的水平前进。

三、贯彻动机激励原则的训练要素

(一)树立正确的价值观,加强安防搏击学员的训练目标

教官应注意通过心理教育和思想政治教育的相关理论、方法和手段,对学员进行身心教育并促使他们养成好的习惯,引领他们以自觉、积极的态度学习,正确认识训练对个体、家

庭、社会、国家的重要意义,完成其个人价值与社会价值、个人利益与社会利益的协调统一,促进其全身心投入各类训练。

(二) 满足学员合理需求

教官及相关的教辅人员需要真心关注学员的健康和生活,合理安排其衣食住行,营造良好、宽松、舒畅的人际关系和社会环境,维护学员的人格尊严,引导其达到"自我实现"的高层次需求,从身心两方面促使其积极主动参与训练。

(三) 发挥学员在训练中的主体作用

学员是训练的主体,教官应该促使学员充分了解训练的目的、意义、任务、要求及安排,让学员在一定程度上自觉组织训练,这有助于学员将被动式训练转变成主动式训练。与此同时,学员的独立思考能力和创新能力也应当被培养起来,以应对复杂的实战环境,更好地调节思想、心理、行为和技术。

(四) 教官应充分发挥榜样力量

教官是学员学习的榜样,应注意自己的言行举止,循循善诱,学高为师,为学员树立宽宏大度、知识渊博、技术精湛的高水平形象。此外,教官在教育学员时避免使用简单粗暴的态度和方式,用自己的知识、能力发挥表率作用,通过有效的训练方法和手段以及优异的训练成绩来树立权威,赢得学员信赖。

(五) 合理而准确地运用各种动力

教官应合理准确地运用物质、精神、信息这三大动力,相互补充,扬长避短,获得理想效果,正确认识并处理好个人劳动与集体劳动的关系,集体在个人劳动保持一致的大方向基础上充分得到发展,与此同时,个体能够获取更大的集体动力。

第三节　直观性原则

一、直观性原则的释义

在整个安防搏击训练的过程中,采用各种直观手段激发学员的视、听、触觉等多种感官器官是教官运用的主要手段,直观手段有助于学员形成思维活跃的大脑,建立起关于技战术结构的表现以获取其感性认识,进一步提升专项运动知识、技术和战术。

二、直观性原则的科学依据

(一) 认知过程的普遍规律

人们认识事物具有普遍性规律。一般来说,人们对一项事物的正确认识都要经历从直观生动到抽象思维、从感性到理性的阶段。在安防搏击学习和训练过程中,学员学习和掌握运动技能的思维程度一般是:直观(具体、生动的思维)→实践(建立动作表象)→建立释义(形成抽象思维)→学会和掌握动作技能。在这个过程中,直观的感性认识十分重要,它是学会及掌握动作技能的基础。学员通过自己的多种感官去学习和体验技术,其中80%的体验来自视觉。视觉的认知给学员营造了形象生动的观感,有利于学员正确掌握基本的动作技术与技能。

(二)认知发展的普遍规律

发展遵循着由低级到高级、由易到难、由简到繁的规律,运动动作技能形成原理亦是如此。安防搏击动作技能的形成同样也遵循由简到繁的规律。因此,在训练的初期,学员通过视觉获取丰富的理论及技术信息,很大程度上能够促进动作技能的形成。

三、贯彻直观性原则的训练要素

(一)讲解与示范

正确的讲解与示范是促使学员通过视、听和触觉获取直观感性认识的基本手段和方法。此外,技术图片、图标和幻灯、电影、录像等电化手段也从不一样的侧重点和技术细节方面供学员观摩与学习。与此同时,观摩和分析技术录像、电影给予了成员不同技术风格特点及战术战略的实战应用成效,促使学员正确理解完整动作的释义。而教官也可以通过学习观摩、对比正误、参观比赛等方式分析学员技术,方便学员正确理解动作的正误、长短,以便其从不同角度完善关于专项技战术的含义。

(二)提高学员对学习和训练的兴趣

在漫长且枯燥的训练过程中,初级阶段安防搏击基本功和基本动作的训练过程是艰苦的,为了激发学员的兴趣,教官可采用生动活泼、形式多样的训练方式,避免千篇一律的训练内容、手段和方法。

(三)调动学员参与训练的主动性

第一,针对刚参与训练的初学者,教官应注重采用启发式讲解示范,培养其思考能力,多给予鼓励,营造生动活泼的训练气氛,调动他们学习和训练的主动性与积极性;第二,针对水平较高的学员,也可鼓励其参与训练计划的制定,方便他们根据自身的实力协调训练内容和目标,使其了解为了达成训练目标所要付出的努力,做好充分的思想准备。

(四)不同阶段采用不同训练手段

在安防搏击的初级阶段,学员的视、听觉直观作用明显。当学员初步学会动作需要进行反复练习时,肌肉的体感起着重要作用。当基本动作掌握后,对于动作的进一步巩固提高可以利用多样化的信息传播手段。以学习前蹚腿动作为例,首先,学员可通过讲解示范初步学习这个动作;当他们反复练习时出现不送髋的问题,让他们重点体会挺髋的肌肉本体感觉;

等他们基本掌握动作时,教官可使用口令、手势和各种传递信息的手段纠正学员的错误动作。

（五）运用适合安防搏击学员特点和水平的直观手段

针对不同水平的学员采用不同程度的直观手段。针对初级阶段学员,应注重精讲多练,言简意赅,多采用示范的方式,示范时注意动作的分解与完整,还可通过幻灯片、图片等直观手段使其对动作有全面了解;针对水平较高的学员,可采用示范局部技术,重点讲解要领,观看电影录像等手段。

（六）直观手段结合启发积极思维

直观手段的运用仅能构建动作的表象。要具体掌握动作,则需要正确了解技术的释义,形成自己的理性认识,还需要学员积极思考。只有思考事物才能真正深刻认识并了解事物。因此,教官在使用各种直观手段的同时,也要注意启发学员的积极思维,通过对比、分析、设问等方式加深学员对安防搏击技术的理解,反复练习,促进学员掌握熟悉有效的技术。

第四节　系统性原则

一、系统性原则的释义

系统性原则具体指持续性、循序渐进的组织训练过程。该原则与运动训练的连续性、阶段性特征密切结合。一方面,系统性原则指出学员只有通过长期持续的训练才能取得一定的成果;另一方面,学员想要获取成功必须循序渐进而非一蹴而就。

二、系统性原则的科学依据

（一）机体生物适应的阶段性

在安防搏击训练负荷下的人体生物适应过程是长期且阶段性的。学员对于训练负荷的反映主要分为:工作、疲劳、回复、超量恢复和效用消失等几个阶段。

在几个月到一年的长期训练过程中,学员的技能同时也会经历不同的三个阶段:能力的形成、保持与消失。

当学员的技能经历了高度紧张动员后,将会进入调整阶段,便于其身心的恢复,为日后重新动员进入新的训练打下基础。

（二）机体生物适应的长期性

取得理想训练效果的必要条件是系统的持续训练。学员的机体对于训练负荷的生物适应,通过机体自身的系统、器官、肌肉的变化逐步实现。例如,安防搏击学员的徒手搏击能力是综合多种能力的体现,除了涉及心理、生理等方面因素外,还受先天和后天因素影响。身体机能的适应性改造,其中的中枢神经系统的改造需要长时间学习。因此,若想提高自身的能力,身体内部的适应性改造是必要条件。但是,适应性改造也需要通过长时间的艰苦专项训练方可取得。

(三)训练效应的不稳定性

学员在运动训练负荷下获得的搏击能力,从体能、技能、战术、运动智能、心理素质的变化等方面看具有不稳定性。当学员在学习训练某项系统性、连续性的项目出现间断或者停顿时,原来习得的动作或获得的训练效应会逐渐衰退甚至完全丧失。只有长时间、反复地来强化这种暂时联系,才能促使动作的各个环节协调配合,避免出现技能的逐步消退。如若在训练过程中中断,中枢神经系统对于肢体某些精准动作的支配能力将会受到影响,其反应速度会逐渐变慢,最终破坏已经定型的安防搏击运动能力。综上,必须在训练效应产生并保持一定时间的基础上对学员给予重复刺激,迫使专项训练效应得到强化和逐步积累,使技能不断得到强化和发展。因此,理想的训练效果是基于有效发展学员的体能、技能、战术、运动智能以及心理能力的基础之上。

三、贯彻系统性原则的训练要素

(一)健全多级训练体制

在长达2~3年的安防搏击训练活动中,健全的训练体制是理想训练效果的保障。为了促使各学员有效完成训练任务,保持训练的系统性,达到最高专项搏击状态,训练各级之间都要紧密衔接:
(1)根据实际情况确定不同年级学员阶段性的实训大纲;
(2)依据各阶段基本任务建立与专项阶段相适应的实战竞赛制度;
(3)建立健全训练奖惩制度,督促教官和学员完成训练。

(二)建立和强化正确的训练动机

据林秉贤所说,动机是"人们经常以愿望、兴趣、理想为形式表现出来的激励个体发动和维持其行为,并导向某一目标的一种心理过程或主观因素"。当学员具有强烈的训练动机时,才会主动坚持长期的系统训练,提高其技能与水平。

(三)制定科学的训练计划

学员想要在实际执法战斗过程中成功运用相关技能,只有通过长期的系统训练。这一类长期的专项训练活动必须具备科学且全面的规划。为了保证训练的连续性并取得理想效果,制定科学化的安防搏击训练计划必不可少。

(四)学校为安防搏击训练提供有力保证

学校是安防搏击训练活动的重要支撑。在学校层面来看,为保证系统性训练的开展,学校应着手于学员的文化知识学习、日常生活、情感等各个方面的情况,解决问题,使学员在训练过程中无后顾之忧。

(五) 按阶段性特点组织安防搏击训练过程

安防搏击的整个训练过程需要遵照阶段性的特点,按照一定步骤、顺序进行训练。程序性表现在训练的各方面,一般情况下,练习内容的程序性不可逆,只有这样才能取得较为理想的训练效果。否则,可能会产生诸多不良后果。

第五节　周期性原则

一、周期性原则的释义

周期性地组织安防搏击训练被称为周期性原则,其具体含义是指学员生物节律的变化与搏击能力的形成和发展具有一定的周期性,按照一定的动态节律、往复循环、按部就班安排专项训练内容与强度。

二、周期性原则的科学依据

(一) 物质运动周期性的普遍规律

一般来说,世上万物的运动和发展均呈现出周而复始的周期性。每样事物按照其周期性不断发展、往复循环,不同事物的周期性不完全相同。事物的发展不是简单的重复上一周期的运动,而是在原有基础上螺旋式上升至某一新的水平。事物运动的普遍规律也决定着安防搏击训练具有周期性这一特点。

(二) 学员身体能力变化的周期性特点

学员安防搏击能力的提升也具有周期性特点。在每一次锻炼的负荷下,学员体能消耗产生疲劳的感觉,在解除相应身体负荷后,学员逐渐得到恢复,再通过超量恢复机制促使学员的运动能力得到提升。在这样的基础上学员接受负荷,便开始新一轮的负荷周期。

适当程度的负荷能够引起机体的适应性变化,在许多次适应负荷的刺激下,学员机体就会发生多次与此相适应的变化。在变化过程中,学员的运动能力不断提高,安防搏击专项能力也不断发展。此外,学员的心理能力在整个周期过程中得到锻炼及提高,能引导各系统之间保持高度的协调性,维持良好的运动状态。但是,学员的身体机能无法保持时时刻刻的高度协调,其生理及心理也不能永远处于巅峰。因此,在安防搏击训练中,应当根据人体的反馈机制,在经历高强度的训练之后,适当进行休息与恢复,从而消除学员身心上的疲劳。

当学员通过恢复消除身心的疲惫后,继续进行一般或专项的运动能力将促成运动状态的又一次形成,从而产生出新的适应机制,进入下一阶段的形成与保持。由此可见,安防搏击训练亦是基于周期性予以实施的。

三、贯彻周期性原则的训练要素

(一) 适宜的训练周期类型

当遵循安防搏击训练的周期性原则时,需要适当选择周期类型。比如,在确定年度训练安排时,是采用单周期、双周期或多周期? 不同周期的训练是加量还是加大强度? 一般来说,周期是训练的基本单位。根据训练任务及内容的不同,可以将训练分为基本训练周、恢复周等。根据不同任务制定不同的周计划,也能体现出不同负荷的周期性特点。

(二) 科学掌握训练周期序列

根据安防搏击训练周期所含时间跨度不同,训练可分为多年训练周期、年度训练周期、大训练周期、中训练周期、小训练周期,以及日训练周期等。教官明确各周期的时间及应用范畴,对于训练实战具有重要的指导作用。

教官接触最多、运用最广的训练周期为年度训练周期和周训练周期(或称小周期)。根据周期学说基本理论,一个大周期包括一个准备期、一个高峰期和一个恢复期。这也构成了一项能力形成、维持和衰退的完整过程。在年度训练中往往包含多个大周期。而安防搏击的组织和实施一般都通过小周期计划得到落实。根据人们以周为活动单位的特征,安防搏击的训练活动也依据周来安排。

(三) 注意训练周期衔接

一个完整的训练过程被分解成若干小周期之后,各周期间的连续性与相关性往往被忽视。整个训练过程是一个由不同周期组成的连续发展的过程,因此在训练中也应该注重周期之间的衔接。

第六节　适宜负荷原则

一、适宜负荷原则的释义

适宜负荷指的是依据学员自身现实可能及人体机能的训练规律及其提高实战能力的需要,在训练过程中给予其适量的负荷,以取得理想的训练效果。

在训练中承受一定的负荷后,必然会有相对应的训练效应,但这不意味着一味地加强负荷才能产生更好的训练效应。因此,训练负荷的安排决定着训练的效果。适当的负荷可能会促使学员机体良好的适应;而过度的负荷将会使机体不堪重负产生劣变;过小的负荷则无法刺激机体做出反应。

二、适宜负荷原则的科学依据

(一) 适宜训练负荷下机体的生物适应

在一定范围的负荷条件下,学员的应激反应也会发生适度范围内的变化。训练负荷的强度及量增加,对学员产生的刺激越深,引起的应激反应也越强烈,机体的变化也愈来愈明显,技能的提升也越来越快。

(二) 过度负荷下机体的劣变现象

只有在一定程度的适宜负荷条件下,学员的自身才会发生生物适应现象。当负荷超过了一定范围,并超过学员自身最大承受能力的时候,即过度负荷,学员的机体将会产生恶劣的变化。

过度负荷表现在学员的生理及心理两方面。过度训练负荷将导致学员身体不适,产生一系列症状。这些不适的症状主要表现为慢性体重下降、非受伤引起的关节及肌肉疼痛、慢性肠功能紊乱、扁桃体及腹股沟淋巴肿大、周身性肌肉紧张,以及疲惫不堪、失眠不安等。

当学员出现不适应的症状后,若教官或其他教辅人员不及时采取有效措施,使学员得到必要的恢复,学员将会变得过度疲劳,这会对学员机体造成重大破坏,致使学员的健康及体能下降,增加运动创伤,甚者会造成灾难性的后果。

在实际训练过程中,通常会对机体施加连续性的刺激,当好几个负荷之间有不同的练习和间隔,会产生不一样的效果。若是在经历过几次负荷后,机体得到一定的恢复,再施加适宜的强度和量,机体的技能将会不断提高,但如果学员还未恢复便施加运动负荷,可能会导致学员水平下降。

三、贯彻适宜负荷原则的训练要素

(一) 专项训练负荷的构成

安防搏击训练过程中的负荷包括量与强度两个因素。其中"量"反应训练对学员机体刺激的数量,"强度"反应训练对学员机体刺激的深度。负荷的量与强度从不同的层面反应训练水平,因此教官在训练过程中,需要运用不同指标去反映负荷量与强度。

1. 负荷量评价指标

次数、时间与重量是衡量训练负荷量的指标。次数具体指训练中重复练习某一动作的次数,时间则指一个统计单位中(一种练习、一次课、一周、一月或其他单位)训练的总时间,重量是指训练完成的总负荷重量。

2. 负荷强度评价指标

负荷强度的大小一般由练习的速度、单位练习负重量以及练习的难度来衡量。

负荷的量与强度彼此相互依存又相互影响。训练的量以一定的强度为基础,负荷的强度又以一定的量为依据,任何一方的变化都势必导致另一方的转变。在训练过程中要注重两者的配合。

（二）训练负荷的量和强度

在训练过程中，随着学员训练水平的提高，常常需要相应加大负荷的量和强度，但负荷的变化必须循序渐进，才能获得理想效果。逐渐地加大负荷的量和强度，主要有四种形式，即直线式、阶梯式、波浪式和跳跃式。

在训练过程中，随着训练的加强，学员的水平不断提高，这时便需要加大负荷的量与强度，但这种变化必须循序渐进，切不可急于求成，这样才能达到理想的训练效果。增加负荷的量与强度主要有以下四种形式：

1. 直线式增加训练负荷

这种形式的训练负荷呈直线式上升，负荷强度的动态变化不太显著，上升主要是动作练习次数和时间的增加。这种增加方法主要适用于负荷起点较低的初级学员。

2. 阶梯式增加训练负荷

这种模式主张当练习持续一段时间后，每增加一次负荷都将会持续一周时间。以日为单位，负荷将呈现阶梯式上升；以周为单位，负荷则表现出斜线上升趋势。大多数学员均适合阶梯式增加训练负荷。

3. 波浪式增加训练负荷

若是长时间保持高强度的负荷，机体得不到休息就会导致学员的过度疲劳。这时，需要对负荷进行有机调控。每次负荷的下降较前一阶段最高负荷稍有降低，然后再提高到另一个新的水平。遵照着这个规律，练习呈现波浪式上升，无论在波峰还是波谷，都是斜线上升的趋势。这种增加负荷方式也较适合各级学员。

4. 跳跃式增加训练负荷

跳跃式增加训练负荷的方式，只适合某些水平较高的学员。当学员的安防搏击能力与水平达到一定阶段后，机体的各部分及中枢神经对运动器官的支配会按照固定的模式进行。为了打破这种定式，可以采用突然增加训练负荷的方法，给予学员强烈的刺激，使成员达到一个更高的水平。

（三）为安防搏击训练建立科学的诊断系统

一个科学的诊断系统，能帮助教官在安防搏击训练中把握不同时期的学员的身体承受情况、负荷的适应程度及恢复程度，从而制定相应的策略，选择可靠的指标，在一定程度内以科学的方式找到解决的方法。

（四）正确处理负荷与恢复之间的关系

教官应当正确处理学员负荷与恢复之间的关系，明确训练负荷与恢复的协同效应，提前思考学员负荷恢复问题，在有计划地进行训练负荷的同时考虑训练恢复。训练与负荷相辅相成，为了取得更好的训练效果，提高学员的个人实战能力，协调好负荷与恢复的关系至关重要。

第七节　适时恢复原则

一、适时恢复原则的释义

适时消除学员在训练过程中产生的疲惫,通过生物适应性产生超量恢复,提高机体能力的原则称为适时恢复原则。在安防搏击的训练过程中,由于训练产生的负荷刺激,学员的身体必定会产生疲惫,为了取得更好的训练效果,应当根据学员的具体情况采取适时、适当的恢复手段消除学员的疲劳。

二、适时恢复原则的科学依据

(一) 人体机能能力和能量储备的超量恢复原理

恢复是指人体机能和能量储备经过训练负荷后从暂时下降的状态到负荷前水平的过程。当学员在恢复过程中补充的能源物质超过原来水平,这一过程被称为超量恢复。若超量恢复经过一段时间后又回到原有水平,这又是一次训练负荷之后恢复的完整过程。超量恢复原理指出,在一定范围内,恢复过程的时间跨度、效果与训练负荷、消耗成正比。

(二) 科学调整时机对训练效果的重要性

科学掌握恢复的时机,在安防搏击训练过程中十分重要。适时的恢复时机将使训练达到事半功倍的效果。在实际训练过程中,如果负荷对人体的刺激没有达到适合的深度就进行恢复调整,训练的效果就不佳。反之,若是负荷过度,学员则会遭受身心上的危害。因此,适时的恢复与调整取决于具体情况。

三、贯彻适时恢复原则的训练要素

(一) 准确判断学员的疲劳状况

1. 从学员的外部表现观察判断

若在实际训练过程中,学员出现动作无力、经常犯错、动作规格下降、反应力下降等情况,教官即可初步判断学员可能已经疲劳。这时候教官可以询问学员自身的感觉,进一步判断其疲劳程度。

2. 指导学员采用自我感觉法判断疲劳程度

当学员还未从上一次训练的负荷中完全恢复,又进行新一轮的超量负荷训练时,学员的机体承受着连续性的疲劳,会产生四肢无力、肌肉僵硬、力不从心、胸部发闷等情况。即使进行休息,仍无法有效缓解。这个时候学员应当主动请求减少负荷,避免过度疲劳。

3. 采用生理、心理测试的方法判断疲劳程度

生理与心理的测试也可以判断疲劳程度。当学员产生疲劳时,其机体能力就会相应地

下降,其心理状态也会不稳定。疲劳及恢复的情况能根据生理及心理指标评定。生理指标具体的测定方法通常有膝跳阈测定法、肌张力测定法、心电测定法、肌电测试法、体位血压反射测定法、脑电测定法等。心理指标的测定方法有自我恢复感觉表(Rating of Perceived Recovery)、RPE自我疲劳感觉表(Rating of Perceived Exertion)等。其中,最简单的方便是运用心率恢复值监测和判断疲劳程度。比如,当学员的心率一分钟后得到明显恢复,没有上升趋势,且在两分钟后接近安静值就意味着学员的心脏功能良好,可以较好地完成本阶段的训练任务。

(二) 适时消除运动疲劳

1. 运用营养学恢复手段消除学员的疲劳

由于训练负荷量及强度较大,学员在实际训练过程中能源物质消耗也很大。在训练后科学补给学员各种营养元素有助于帮助学员恢复体能及消除疲劳。补给食物的数量和质量都需要适当搭配,各种维生素及微量元素的搭配对消除疲劳发挥着重要作用。

2. 运用医学、生物学等恢复手段消除学员的疲劳

在一阶段的训练结束后,学员的肌肉代谢囤积了大量的乳酸等物质,学员的心理也十分疲劳。为了消解代谢产物及缓解心理疲劳,一些如含氧浴、氮水浴、蒸气浴、按摩、电兴奋等理疗恢复手段可以帮助学员消除身心疲劳。放松训练、自我暗示、气功等方法也可以帮助学员消除心理疲劳。

3. 运用训练学的恢复手段消除学员疲劳

训练过程中采用积极休息的方式也能恢复及调整学员疲劳。教官可以通过调整训练间歇、转变训练内容及环境、调节负荷的量与强度、改变练习方式等手段消除学员的身心的疲劳,恢复其机体的积极性。

第八节　区别对待原则

一、区别对待原则的释义

区别对待原则指根据学员自身特点,有针对性、计划性地确定训练任务、训练方法、训练手段及安排负荷。因材施教是安防搏击训练的重要原则之一。每个学员的身体机能、身体形态、心理状态、战术能力、身体素质、智力水平各不相同,根据不同特性有针对性地组织安防搏击训练过程,才能达到训练的理想效果。

二、区别对待原则的科学依据

(一) 学员特点的多样性

学员的个人特点取决于他们的性别、日历年龄、生物年龄、心理和生理特点,这些不同之

处对于安防搏击训练和安排都提出了不同要求。不仅如此,同一个学员,在不同的时刻、训练阶段、环境,其训练状态也不同,因此同一学员的训练也需要区别对待。

(二)训练的多因素性

安防搏击训练过程中面临着多样化因素的影响,教官的业务水平及其对训练的战术安排和战略部署、训练所处的阶段和具体要求,以及外界环境都决定着同一个学员在不同训练状态下表现出来的不同特点。这些因素皆处于动态变化过程中,因此教官需要实事求是地针对不同训练对象有区别地进行训练安排。

三、贯彻区别对待原则的训练要素

(一)因材施教

因材施教是教官在训练过程中所应遵守的准则。比如,对于刚入学的一年级学员来说,基本功的训练至关重要;对于高年级学员来说,如何克服弱点、提高其实战应变能力则是重点。

(二)制定全面的训练计划

教官不仅需要针对不同学员的个性制定训练计划,还需要考虑全体学员的整体要求。此外,重点学员还需要制定专门的训练计划。在课程中,在顾及全队集体训练协调性、统一性的同时还需兼顾某些个性较强的个人训练内容。

(三)及时准确掌握学员情况

在训练初期,教官可围绕速度、力量、耐力等素质数据,脉搏、血压和各器官系统的机能等机能情况,身高、体重、皮脂厚度等身体形态指标来了解学员具体情况。在实际训练过程中,学员的表现、成绩、训练日记也能帮助教官了解其训练感受及具体情况。

第九节 有效控制原则

一、有效控制原则的释义

有效控制原则指在训练过程中实施有效控制,即在安防搏击训练过程中,教官必须准确掌握且控制训练的各种要素,如荷的量和强度,训练的内容、手段和方法等,根据生理指标进行检测,适当进行调整,以保证训练的正常运作,确保训练目标的实现。控制论、信息论、系统论等系统科学的基本理论和方法的运用,也有助于对训练进行有效的监控并提高训练效果。

二、有效控制原则的科学依据

（一）现代控制论是实施有效训练的理论基础

随着现代科学技术的发展，对训练对象和训练过程的有效监控，有助于推动训练朝着既定方向发展。为此，安防搏击的训练教官及教辅人员应当以系统论、控制论、信息论等理论为基础，对训练过程有效控制；运用统计学、模糊数学、运筹学和网络技术等学科方法针对训练中采集的数据进行分析监控，提高训练效果。

一个完整的安防搏击训练控制体系包括以下基本环节：

① 施控主体（教官）和被控对象（学员等）；② 控制信息（讲解、示范等）和前向信息控制通路；③ 反馈装置、反馈信息（训练效果等）和反馈信息控制通路。

教官可根据上述的基本环节采取相应的对策，调整训练总体计划。此外，学员也需要根据自己的实际情况，改变训练方法，建立自我反馈机制，采用步步为营的方法实现训练目标。

（二）训练过程的多变性是实施有效控制的客观要求

训练的多变性决定了需要根据具体情况实现有效控制。教官作为训练的主导应根据各种训练因素、学员的情绪和社会交往、训练条件、场地及气候、个人的生物节律、意外的伤害等因素实施有效的监控，保证学员稳定发挥训练水平，实现既定的训练目标和任务。

（三）训练信息是实施有效控制的依据

安防搏击的训练信息主要表现在以下方面：① 学员训练过程与状态的判断；② 了解与掌握训练过程的进展；③ 测定训练对象的相关信息，提高科学训练依据；④ 根据相关训练信息不断改进工作，不断创新技术、战术及训练方法；⑤ 运用各种信息对训练过程进行多学科综合调控。

三、贯彻有效控制原则的训练要素

（一）科学制定训练计划

科学地制定训练计划是安防搏击训练过程实施有效控制的重要前提。科学制定训练计划有助于实施有效控制，便于围绕既定指标进行训练。因此，一个良好、科学的训练计划是进行高效训练的重要前提与基础。

（二）高度重视训练信息的采集和运用

教官、科研人员、管理人员等需要在训练的动态变化中对学员进行有效监控。依据理学、心理学、生物力学生物化学以及运动训练学的各种诊断方式，针对学员状态、训练效果等进行信息收集，根据这些信息做出决策，进一步调整训练方法与手段，促使训练与学员自身实际情况协调，取得良好的训练效果。

（三）及时有效修改训练计划

在实际训练过程中，可能存在不同的因素对训练产生干扰。因此教官需要监控训练中的相关因素，如学生的生理指标及生化指标等，经过系统和科学的整理分析，得出重要结论，并将结论与原有的训练计划相结合，根据实际情况对原计划进行合理化修改。

（四）科学监控生理生化指标

通过心率值、血乳酸值监测学员的训练负荷能够有效控制训练过程，二血色素的监控能够确切显示出学员在训练时的运动量与机能水平。

总而言之，综合运用上述基本原则，切记顾此失彼是有效推进训练过程，提高训练效果，实现训练目标的可靠途径。

【微信扫码】
相关资源

第三章 安防搏击的基本技术

安全防卫搏击类技术,是指保安、特勤、空中安全员等专职人员在执法战斗中经常使用的搏击技术,主要参考重竞技摔跤、柔道、散打项目,结合安防人员实战需要,分为格斗式、拳法、腿法、摔法、肘膝、控制、防守七节。本章详细阐释了安防搏击基本技术的动作要领、易犯错误及纠正方法和使用情景三个方面。

第一节 格斗姿势与基本步法

一、格斗姿势

安防搏击基本格斗姿势有以下两种,左手在前的"正架"和右手在前的"反架",学员可根据自身习惯进行选择。

(一)正架

1. 动作要领

两脚前后开立,与肩同宽,前脚掌稍内扣,后脚跟稍微离地,两膝微屈,身体重心落于两脚间;身体侧向前方,含胸收腹;左臂,前臂肘关节夹角 90°～110°之间,拳与鼻尖同高,肘关节自然下垂,右臂拳在颌下,屈肘紧贴胸肋,下颌微收;四指内屈并拢握拳,大拇指横压于食指和中指的第二指关节上;两眼平视前方。详见图 3-1-1①、图 3-1-1②。

图 3-1-1①   图 3-1-1②

2. 易犯错误及纠正方法

易犯错误:身体重心过低、前倾/后倾,保护不够。

纠正方法:姿势不可过低,重心控制在两脚之间;两手紧护躯干,尽量缩小暴露给对手的打击面。

（二）反架

动作要领与"正架"格斗姿势相同，差别仅在于前手和脚不同。

二、基本步法

（一）前进步

后脚蹬地，前脚先向前进半步，紧接着后脚跟半步成实战姿势。详见图 3-1-2①、图 3-1-2②、图 3-1-2③。

图 3-1-2①　　　　　　图 3-1-2②　　　　　　图 3-1-2③

（二）后退步

前脚蹬地，后脚先后退半步，前脚再回收半步成实战姿势。详见图 3-1-3①、图 3-1-3②、图 3-1-3③。

图 3-1-3①　　　　　　图 3-1-3②　　　　　　图 3-1-3③

（三）收步

左脚向后收步至右脚旁，脚掌点地，重心偏于右脚。详见图 3-1-4①、图 3-1-4②。

图 3-1-4①　　　　　　图 3-1-4②

（四）撤步

右脚后撤一步，脚跟离地，左脚在前、右脚在后。右脚脚尖外展，全身重心偏向右腿。详见图 3-1-5①、图 3-1-5②。

图 3-1-5①   图 3-1-5②

（五）上步

后脚较前脚前上一步，同时两臂动作交换，成反架格斗姿势。详见图 3-1-6①、图 3-1-6②。

图 3-1-6①   图 3-1-6②

第二节　拳法技术

拳法技术进攻能力强，攻击力度大，在执法战斗中还具有速度快和灵活多变的特点，它能以最短的距离，最快的速度击中对手。因为拳法大都用来攻击头部，所以杀伤力较大。

直拳、摆拳、勾拳是安防搏击拳法的三种技术方法。在运用拳法时需要注意以下几点：

第一，随步进攻。在使用拳法击中抓捕对象时，不仅需要放长上肢，也需要步法接近，因此，一般情况下，拳法攻击的同时还要伴随步法的移动，稳定身体重心，调整有效距离，发挥出整体用力的效果。

第二，出拳的力量依赖于后脚的蹬地，随后转髋带动转肩、送臂出拳，在击中抓捕对象的瞬间产生制动。整个力的表现是一个由脚到拳的协调和快速的传递过程。

第三，在任何时候，出拳后出拳臂的肩关节的垂直线都不得超过自己前腿的脚踝关节，以防破坏自身的稳定。

第四，出拳击中抓捕对象的瞬间要突然握紧拳，击中后随即放松。拳的收放是一个完整的劲,具有弹性。

第五,出拳收回后要迅速做好防守和再次进攻的准备。

一、直拳

(一) 左直拳

1. 动作要领

后脚蹬地,重心前移,左脚以脚前掌为肘蹬捻地、顶转髋,然后转腰、转肩,肩推肘,肘推拳,前臂快速直线击出,力达拳面,收拳的发力顺序同样也是出拳的发力顺序,收拳后应当迅速恢复实战姿势。详见图 3-2-1①正、图 3-2-1②侧。

图 3-2-1①　正　　　　　　　图 3-2-1②　侧

2. 应注意的问题

(1) 出拳时切忌会拉现象,以免暴露动作意图;(2) 出拳时的发力过程是肩推肘、肘推拳;(3) 防止出拳臂翻肘,形成横向击打动作;(4) 打前手直拳时,后手要放于同侧下颚处保护自己。

3. 使用情景

(1) 直拳属于直线型进攻方法,适应于中远距离进攻对方;(2) 在抓捕过程中也可以用于分散对方注意力,为近身应用控制技术创造机会。

(二) 右直拳

1. 动作要领

右脚以脚前掌为肘蹬捻地、顶转髋,然后转腰、转肩,肩推肘,肘推拳,前臂快速直线击出,力达拳面;左拳收回至下巴,成防守姿势。收拳的发力顺序同样是出拳的发力顺序,收拳后应当迅速恢复实战姿势。详见图 3-2-1③、图 3-2-1④。

图 3-2-1③　　　　　　　　图 3-2-1④

2. 应注意的问题

(1) 进攻时两脚应在一条直线,方法主要是通过后大腿向内转扣并垂直于地面,两腿之间应与身体中心线形成一定角度,这样在蹬地时能形成最大反作用力;(2) 击打时出现抖肘关节现象,办法是出拳时避免耸肩、转体不到位和身体下蹲。

3. 使用情景

在工作时若对自身构成严重威胁时,采用后手直拳击打对方面部,形成重击,使对方丧失战斗力。

二、摆拳

(一) 左摆拳

1. 动作要领

后脚蹬地,身体由髋带动腰向内旋转,重心前移;同时前手臂抬肘与肩同高或稍高,微张肩,前手拳向外侧前方伸出,上臂和前臂的角度相对固定;当髋部完成旋转角度后迅速制动,由制动的惯性使张开的肩回收而产生合力。此时的左手前臂继续弧线向右前方摆出,摆至身体中线即可收拳;收拳时仍然按照出拳路线依次完成,至实战姿势。详见图 3-2-2①侧前方、图 3-2-2②正前方。

图 3-2-2① 侧前方　　　　图 3-2-2② 正前方

2. 应注意的问题

(1) 出拳时如果出现过击现象,需要手腕摆动到身体中线处即停止;(2) 避免击打前有后引肩或手臂动作,使正面防守出现空当;(3) 击打时有甩拳动作,纠正办法是拳与肘应基本保持在一个运动轨迹上,不能过早翻肘;(4) 在进行中近距离攻击时,拳心应向内向下,进行远距离进攻时,拳心应向外向下。

3. 使用情景

摆拳是弧线型进攻拳法,击打力量极大,一般用在对构成自身危险的人进攻,一击将使其丧失战斗力。

(二) 右摆拳

1. 动作要领

以后脚的脚前掌为轴内旋,带动转髋,重心前移;后手臂抬起略与肩平,拳向前外侧伸展,上臂和前臂形成一定夹角并相对固定,同时前手臂自然弯曲收回贴于肋间,拳置于下颚处;上动不停,继续向内转髋,出拳微微张肩,由于惯性带动拳向前水平横摆;转动的髋部随之制动,其惯性带出拳臂产生制动,最终形成摆拳的合力。详见图 3-2-2③侧前方、图 3-2-2④侧后方。

图 3-2-2③　侧前方　　　　　图 3-2-2④　侧后方

2. 应注意的问题

(1) 依据击打距离调整上臂与前臂之间的夹角;(2) 进攻时切忌不能用上臂带动前臂,这样容易形成甩拳,并易于造成肘关节创伤;(3) 在进行中近距离攻击时拳心应向内向下,远距离进攻时,拳心应向外向下。

3. 使用情景

在违法分子突然进行袭击时,安防人员可以在侧向移动的同时以摆拳对其进行打击。

三、下勾拳

(一) 左下勾拳

1. 动作要领

上臂微向外、向下转动,前腿微屈,扣膝合胯,前手臂收回轻贴于左肋部,前手拳自然置于左面颊外侧,重心偏于前腿;上动不停,后脚蹬地,左胯向上向内挺出,前手拳随挺胯动作向前上方击出,出拳臂的夹角根据所击距离调整,拳心向内,微微内扣,当挺胯到位即前腿基本挺直后马上制动,产生短促发力,力达全面,随之收胯、肩部放松,拳也有弹性地收回,成实战姿势。详见图 3-2-3①、图 3-2-3②。

图 3-2-3①　　　　　　　图 3-2-3②

2. 应注意的问题

(1) 出拳时肩部要放松;(2) 挺胯时上身不能后仰/挺腹;(3) 击打前不能向后引拉拳。

3. 使用情景

（1）下勾拳属于近距离进攻型拳法，适应于近身制止过程中应对有威胁的人物对象；（2）下勾拳在抓捕过程中可与控制技术配合使用；（3）适应于与危险人员迎面相对，近身时突然进攻。

（二）右下勾拳

1. 动作要领

上体微向后向下转动重心略降低并合胯；后脚蹬地挺胯，微向前向上转动，随之后手臂根据所击打距离加大角度向前、向上出拳，拳心向内，重心随之前移；随着挺胯到位后的制动，产生的惯性使出拳臂制动，力达拳面；出拳后肩部迅速放松，出拳臂借回降之力收回，成实战姿势。详见图 3-2-3③、图 3-2-3④。

图 3-2-3③　　　　　　　　图 3-2-3④

2. 应注意的问题

（1）击打时不应向后引拳，出现大的预摆，进而暴露进攻意图；（2）出拳重心迅速前移，防止上体后仰；（3）击打后肩部应迅速放松，这样有利于做下一个动作。

3. 使用情景

可以在用前手防守、抓控暴力反抗人员时同时采用后手下勾拳，使对方丧失战斗力。

第三节　腿法技术

安防搏击训练中的腿法技术，主要参考重竞技散打项目，结合实战特点：远踢、近打、贴身摔，即远距离击打的主要技术。腿法技术的力度较大，在实战中容易造成伤害事故，因此在平时训练中要予以重视：

第一，腿法在运动中典型的表现为不稳定平衡。在使用各种腿法时，自身的基底范围最小，因此寻求平衡的最佳方法是通过准确判断击打点的空间位置和动作发力的有效距离，与暴露击打点的瞬间相吻合。此外，当自己的腿法动作受阻或击空时，应当控制因受阻而产生的反作用力的传导或控制住因击空出现的失衡现象。这种平衡能力是在反复多次的、对可能出现的各种失衡情况的自控练习中获得的。

第二，由于腿法的工作距离较长，动作幅度较大，所以在训练中要格外关注动作结构的开始部分，不能养成在动作前有多余的或不合理的动作的习惯，发动前的预兆要小，要有隐蔽性。

第三，避免"空击"的主要决定因素是有效的时空感觉，产生"有效"的结果则是与步法紧密配合的结果。所以，在训练中，各种腿法练习都必须与步法有机结合，做到腿法能够在不断调整的步法中表现出来。

第四，任何腿法在运用的过程中都需要考虑到要做好防守与再进攻的准备。

一、正蹬腿

(一) 前正蹬腿

1. 动作要领

重心微后移，后腿膝关节微屈，上体微后坐，前腿屈膝正面提起，脚尖勾起，上动不停，两臂微微下落或回收置于头部两侧，两臂自然下垂护住两肋，同时送髋，带动大小腿向正前方水平蹬出，脚前掌下压，力达全脚掌。详见图 3-3-1①、图 3-3-1②。

图 3-3-1①　　　　　　　图 3-3-1②

2. 应注意的问题

(1) 前腿屈膝上提的高度要超过自己腰部；(2) 胯推大腿、大腿推小腿、小腿将脚推出是前腿的发力顺序，避免出腿时向下踏或弹踢的动作；(3) 向前送胯时，身体后仰不要过多，以免造成击打力量部分被缓冲掉。

3. 使用情景

(1) 在安防工作中，使用正蹬腿的概率较高，首先可以用于破内室门；(2) 当违法人员后有阻挡或支撑物时，安防人员可以用正蹬腿来控制抓捕对象。

(二) 后正蹬腿

1. 动作要领

后脚蹬地，重心前移，后腿迅速向正前方屈膝提起，脚尖勾起，两臂微下落回收，支撑腿微屈，上动不停，提膝腿到位后送胯，带动大小腿向正前方蹬出，脚前掌下压，力达全脚掌。详见图 3-3-1③、图 3-3-1④。

2. 应注意的问题

(1) 后腿屈膝上提的高度要超过自己腰部；(2) 后腿发力顺序是胯推大腿、大腿推小腿、小腿将脚推出，避免出腿时向下踏或弹踢动作；(3) 向前送胯时，身体不要过多后仰，这样会造成击打力量被部分缓冲。

图 3-3-1③　　　　　图 3-3-1④

3. 使用情景

（1）可用于破门；（2）用于对方突然袭击时候的截击或直接蹬击危险人。

二、鞭腿

（一）前鞭腿

1. 动作要领

重心后移，上体微向右后转动并向后侧仰，两手臂下落，同时屈膝提膝，并向内扣膝翻胯，大小腿夹角大约保持在130°左右，上动不停，由转体翻胯带动大小腿向外侧前上方摆踢，在击打到物体的瞬间，小腿由于加速摔出，与大腿基本成直线。在翻胯出腿的同时，支撑腿以脚前掌为轴跟着转体脚跟斜向前。详见图3-3-2①、图3-3-2②。

图 3-3-2①　　　　　图 3-3-2②

2. 应注意的问题

（1）鞭腿应通过上身的转体后仰带动击打腿摆出而发力；（2）完成鞭腿动作时，膝关节不能超过身体中心线，当大腿与身体中心线成20°～30°的夹角时，小腿要加速鞭甩出，大腿应随转体继续向身体中心线摆动以加大小腿的鞭打速度；（3）提膝时，小腿与大腿形成的面与身体中线成5°～10°的夹角。

3. 使用情景

（1）鞭腿属于远距离弧线进攻型技术，主要进攻违法分子的下肢、躯干和头部；（2）抓控过程中可以用于击打违法分子对象的大腿或小腿，以迫使违法分子的重心不稳、失去反抗能力，实现进身控制。

(二) 后鞭腿

1. 动作要领

后腿蹬地，重心前移，上体左转，后腿膝关节微外展，收胯带动大小腿向前上方提起，上动不停，支撑腿以脚前掌为轴随身体转动，同时后腿翻胯，上体继续向左侧后仰，大小腿夹角150°左右，随即向右前方摆踢；上动不停，摆踢腿踝关节绷紧，力达踝关节部位及脚背处。当接触到被击打物体的瞬间，由于大腿的摆动使小腿加速与大腿成直线。详见图 3-3-2③、图 3-3-2④。

图 3-3-2③　　　　　　　　　　图 3-3-2④

2. 应注意的问题

(1) 鞭腿应通过上身的转体后仰带动击打腿摆出而发力；(2) 完成鞭腿动作时，膝关节不能超过身体中心线，当大腿与身体中心线成 20°～30°夹角时，小腿要加速鞭甩出，大腿应随转体继续向身体中心线摆动以加大小腿的鞭打速度。

3. 使用情景

(1) 鞭腿属于远距离弧线进攻型技术，可仅供违法分子的下肢、躯干和头部；(2) 抓捕过程中可以用于击打违法分子的大腿或小腿，以迫使对方的重心不稳、失去反抗能力，从而进身控制。

三、侧踹腿

(一) 前侧踹腿

1. 动作要领

重心稍后移，上体保持原来姿势，前腿屈膝提起与胯同高，与上体成 90°，小腿外摆，脚尖勾起微向外翻出，身体继续向侧后仰，同时展髋伸膝向前踹出，脚尖横向，力达脚掌的后三分之二处，此时支撑腿的脚后跟斜向前方。此时，前手置于踹出腿的大腿后上方，后手置于下颚前方。详见图 3-3-3①、图 3-3-3②。

2. 应注意的问题

(1) 避免出现以膝关节为轴的勾脚弹踢动作，正确做法是全身协调、有序发力，力起于支撑脚蹬地、力量经支撑一侧胯传递到前腿侧胯，然后展胯、大腿推小腿，膝关节伸直踹出；(2) 完成侧踹动作瞬间，上体与前腿应保持在同一平面，不要低头、收胯；(3) 后手不能掉下或打开,而应该置于下颚对头部保护。

图 3-3-3① 图 3-3-3②

3. 使用情景

(1) 侧踹腿属于远距离进攻腿法,打击力量比较大,可突袭危险性较大的违法分子;(2) 实战中可以用于攻击对方腹部、胸部或者背部。

(二) 后侧踹腿

1. 动作要领

前脚尖外摆,重心移至前脚,上体向左后侧转动,后腿在腰带动下屈膝提腿向前上方迅速提起,小腿向前方外翻,脚尖勾起,脚尖斜向上方;上动不停,支撑腿以脚前掌为轴随之转动,脚跟经内侧转向前方,上体向侧后仰,前手收至下颚前方,后手前伸置于踹击腿的上方,上身继续向后仰,展胯、挺胯,大腿推小腿,膝关节伸直踹出。详见图 3-3-3③、图 3-3-3④。

图 3-3-3③ 图 3-3-3④

2. 应注意的问题

(1) 踹击后腿由于运行路线长,稳定性较差,易于被对方阻击,所以要求动作连贯、速度快,一气呵成;(2) 身体转动要到位,否则容易出腿不走直线,踹击不准,身体失衡。(3) 其他问题可参见前侧踹腿。

3. 使用情景

后侧踹腿在实战中使用较少,可在前手持盾情况下突然攻击时使用,使用时注意对重心的控制。

第四节 摔法技术

摔法技术在安防搏击中的比例较大,对力量、协调、柔韧、耐力等都有较高的要求,动作难度偏高且训练周期较长,因此在练习过程中,需特别注重持之以恒、循序渐进、因材施教。

一、倒臂转移

1. 动作要领

(1) 准备姿态:面对面站立,双脚分开与肩同宽,重心前倾,左手抓住对方右手手腕。详见图 3-4-1①。

(2) 同手同脚上步上手:把右脚放在对方右脚内侧,同时将右手抱握住对方肘关节上方。详见图 3-4-1②。

图 3-4-1①　　　　　　　　图 3-4-1②

(3) 倒臂扣步抱腰:把对方的右手臂往自己的身体右下方拉动,使对方身体旋转,同时贴紧对方身体,上左步旋转至对方身后的两脚之间,并且用左手抱住对方的腰。详见图 3-4-1③ 正、图 3-4-1④ 侧。

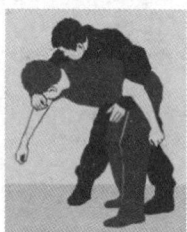

图 3-4-1③　正　　　　　　　图 3-4-1④　侧

(4) 跟步夹肘、夹腿、贴脸:将右脚迅速跟步形成双脚平行站立,同时下蹲夹住对方右腿,双手夹肘回收,把头部紧贴住对方身体,身体重心比对方低。详见图 3-4-1⑤ 正、图 3-4-1⑥ 侧。

图 3-4-1⑤　正　　　　　　　图 3-4-1⑥　侧

(5) 旋转摔倒处理:身体迅速下坐后倒,同时紧拉对方右臂抱紧对方腰,当臀部右侧刚接触垫子的瞬间,身体协调发力迅速旋转,将对方摔成俯卧状态。详见图 3-4-1⑦。

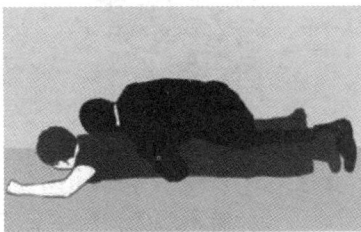

图 3-4-1⑦

2. 易犯错误及纠正方法

易犯错误一:倒臂无力,调动不了对方重心。

纠正方法:多增加双人的倒臂发力练习,每次练习要让对方身体有较大幅度的旋转。

易犯错误二:摔倒处理时,旋转时机过早。

纠正方法:先进行单人的坐下快速旋转趴下练习,之后过渡到双人练习。

3. 使用情景

当违法分子使用推搡或击打动作袭击时,安防人员运用把位变化快速转移到对方身后,破坏嫌疑人的重心,将其摔倒并控制。

二、潜入转移

1. 动作要领

(1)准备姿态:面对面站立,双脚分开与肩同宽,重心前倾,双方右手互在颈肩部,同时左手搭在右肘弯曲处。详见图 3-4-2①。

(2)上步、推手、拉头、进步:把右脚放在对方右脚前内侧,同时将左手上推对方肘关节。对方的颈部往自己的身体前下方拉动,导致对方弯腰低头,同时进右步、屈膝下蹲,上左步旋转至对方身后的两脚之间,并且将双手搭扣抱住对方的腰。详见图 3-4-2②。

图 3-4-2①　　　　　　　**图 3-4-2②**

(3)跟步抱腰夹腿贴脸:将右脚迅速跟步形成双脚平行站立,同时下蹲夹住对方右腿,双手夹肘搭扣抱腰,把头部紧贴住对方身体。详见图 3-4-2③。

图 3-4-2③

（4）降重心、旋转摔倒处理：身体迅速下坐后倒，同时双手回收抱住对方腰，当臀部右侧刚接触垫子的瞬间，身体协调发力迅速旋转，将对方摔成俯卧状态。详见图 3-4-2④。

图 3-4-2④

2. 易犯错误及纠正方法

易犯错误一：搭扣方式错误，容易十指交叉搭扣抱腰。

纠正方法：多增加搭扣抱腰的双人练习、养成正确搭扣的习惯。

易犯错误二：摔倒处理时，旋转时机过早。

纠正方法：先进行单人的坐下快速旋转趴下练习，再过渡到双人练习。

3. 使用情景

当违法分子使用推搡或击打动作袭击时，安防人员运用把位变化快速转移到对方身后，破坏其身体的重心，将其摔倒并控制。

三、抱单腿

1. 动作要领

（1）准备姿态：双方脚前后站立，右手抓握对方右手腕，左手抓住对方右手肘关节。详见图 3-4-3①。

（2）进步、下蹲抱腿：将右脚放置于对方两脚之间，将对方双手向外侧打开；跟步同时重心迅速下降，双手将其小腿抱住。详见图 3-4-3②。

图 3-4-3① 　　　　　　　　 图 3-4-3②

（3）背步捌腿：将对方右腿抱起，同时自己左脚背步至后侧，右腿迅速捌住对方左腿。详见图 3-4-3③。

图 3-4-3③

（4）摔倒处理：蹬腿、拧腰、变脸发力。详见图 3-4-3④。

图 3-4-3④

2. 易犯错误及纠正方法

易犯错误一：不调动重心就直接抱腿。

纠正方法：借助开把进步的前后劲，破坏对方重心，快速下蹲抱腿。

易犯错误二：抱小腿时容易弯腰、低头、重心不稳，导致摔倒处理时，发力方向不正确。

纠正方法：先要做到屈膝下蹲抱小腿，保持重心在两脚之间，腰背要挺直，摔倒处理时蹬腿、拧腰、变脸快速，并向下发力，将对手摔倒。

3. 使用情景

当违法分子使用推搡、击打或蹬踢动作袭击时，安防人员降低重心将一条腿抱起，或顺势接抱住对方的一条腿，将其摔倒并控制。

四、抱双腿顶摔

1. 动作要领

（1）准备姿态：双脚分开平行站立，双手抓住对方双手手腕。详见图3-4-4①。

（2）把进步：将右脚放置于对方两脚之间，将对方双手向外侧打开。详见图3-4-4②。

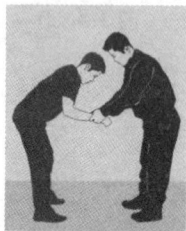 

图3-4-4①　　　　　　　　图3-4-4②

（3）下蹲抱腿：跟步同时重心迅速降，将其双膝抱住。详见图3-4-4③。

图3-4-4③

（4）摔倒处理：蹬腿、收手、顶肩、变脸。详见图3-4-4④。

图3-4-4④

2. 易犯错误及纠正方法

易犯错误一：抱双腿时，弯腰低头。

纠正方法：抱双腿时应当腰背挺直，胸部紧贴住对方大腿。

易犯错误二：摔倒处理时，双手不能向上抬。

纠正方法：摔倒处理时，双手应当快速回收，使对方迅速失去重心，并且要做到快、准、狠。

3. 使用情景

当违法分子使用推搡或击打动作袭击时,安防人员降低重心抱住对方的双腿,将其摔倒控制。

五、抱双腿挂腿摔

1. 动作要领

(1) 准备姿态:双脚分开平行站立,双手抓住对方双手手腕。详见图 3-4-5①。

(2) 开把进步:将右脚放置于对方两脚之间,将对方双手向外侧打开。详见图 3-4-5②。

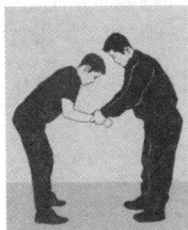 

图 3-4-5①　　　　　图 3-4-5②

(3) 下蹲抱腿、挂腿:跟步同时重心迅速下降,双手将其双膝抱住,左脚迅速挂捌住对方右脚后侧。详见图 3-4-5③。

图 3-4-5③

(4) 摔倒处理:收手、顶肩变脸。详见图 3-4-5④。

图 3-4-5④

2. 易犯错误及纠正方法

易犯错误一:双手抱握的位置不准确。

纠正方法:重复进行双人进把练习,要求双手抱握膝盖后侧。

易犯错误二:抱腿挂腿时,弯腰低头。

纠正方法:抱腿挂腿应当腰背挺直,胸部紧贴住对方大腿。

3. 使用情景

当违法分子使用推搡动作袭击时,安防人员降低重心抱住对方的双腿,迅速挂腿,将其摔倒控制。

六、扣腿摔

1. 动作要领

(1)准备姿态:双脚平行站立,右手抓握对方右手腕,左手住对方右手肘关节。详见图3-4-6①。

(2)拉手:双手拉住对方右手往自己胸前拉动。详见图3-4-6②。

图3-4-6①　　　　　图3-4-6②

(3)送手下蹲换手:双手向前推送对方右手,导致对方身体中心后仰,同时自己屈膝下蹲,将左手迅速抱握住对方右脚踝。详见图3-4-6③。

图3-4-6③

(4)摔倒处理:左手往上提拉,身体所有重心往对方右胯骨处顶撞。详见图3-4-6④。

图3-4-6④

2. 易犯错误及纠正方法

易犯错误一：不调动重心，就使用动作。

纠正方法：多进行双人的顶、拉、拖练习，找到反作用力，借力发力。

易犯错误二：发力方向，容易向前顶撞。

纠正方法：顶撞发力时要养成往前下方发力的习惯，这样才能快速将对方摔倒。

3. 使用情景

当安防人员在带离违法人员的过程，遭遇不配合，且与其发生撕扯时，可借助其反作用力，迅速下蹲扣腿，将其摔倒控制后，进行带离。

七、手别子

1. 动作要领

（1）准备姿态：双方脚前后站立、身体紧贴、右手互插在对方腋下、左手抓住肘关节，形成相互顶撞姿态。详见图3-4-7①。

（2）放手、下压：将右手掌放置对方右膝关节；借对方向前顶撞的力量下压，同时左手夹抱住对方右手，肩与下颚往下贴紧对方整个手臂。详见图3-4-7②。

图3-4-7①　　　　　　　图3-4-7②

（3）背步：将左脚背大步至自己后侧。详见图3-4-7③。

（4）摔倒处理：蹬腿、推手、转身、变脸。详见图3-4-7④。

图3-4-7③　　　　　　　图3-4-7④

2. 易犯错误及纠正方法

易犯错误一：手掌摆放位置容易出错。

纠正方法：先将手掌抵住膝盖外侧，迫使对方支撑脚无法移动，再进行下一步动作的练习。

易犯错误二：背太小，导致重心不稳，导致摔倒处理时身体不协调。

纠正方法：先进行马步变弓步练习，再进行徒手撒网动作的练习。

3. 使用情景

当违法人员主动冲撞或顶撞时，安防人员可借助向前顶撞的力量抓住有效把位，迅速蹬、转、变，将其摔倒并控制。

八、大别子

1. 动作要领

（1）准备姿态：面对面站立，双脚分开与肩同宽，重心前倾，左臂夹抱住对方右手臂，同时右手搭在对方颈肩部。详见图3-4-8①。

（2）上步调动重心：上步将左脚踩在对方右脚外侧20厘米左右处，同时双手把对方重心调动到一条腿上。详见图3-4-8②。

图3-4-8①   图3-4-8②

（3）提膝、捌腿：右脚提膝至对方右脚外侧；将右腿迅速后摆，小腿击打对方右膝窝。详见图3-4-8③。

图3-4-8③

（4）摔倒处理：拉手、捌腿、砍颈部、变脸。详见图3-4-8④。

图3-4-4④

2. 易犯错误及纠正方法

易犯错误一:不调动重心,就使用动作。

纠正方法:多进行双人的前顶、拖拉等练习,养成调动和破坏对方重心的习惯,使对方重心在一条腿上。

易犯错误二:提膝、捌腿时自身重心起伏过大,不能很好地顺势发力。

纠正方法:先进行双人进把练习,来稳定自身重心,再按照拉手、捌腿、砍颈部、转身、变脸的发力顺序一气呵成,将对方摔倒。

3. 使用情景

当违法人员使用推搡或击打动作进行袭击时,安防人员运用把位变化快速调动和破坏嫌疑人的重心到身体一侧,将其摔倒并控制。

九、挑钩子

1. 动作要领

(1)准备姿态:面对面站立,双脚分开与肩同宽,重心前倾,将对方右手臂夹在腋下并抓握大臂。详见图 3-4-9①。

(2)上步、上手:右脚上步至对方左脚内侧,右手搭在对方颈肩部。详见图 3-4-9②。

图 3-4-9① 图 3-4-9②

(3)背部、挑腿:左脚背步至对方右脚内侧,同时右脚上挑至对方大腿根部。详见图 3-4-9③。

(4)摔倒处理:拉手、砍头、变脸。详见图 3-4-9④。

图 3-4-9③ 图 3-4-9④

2. 易犯错误及纠正方法

易犯错误一:挑腿的位置容易发生变化。

纠正方法:挑腿一定是大腿后侧,紧贴住对方大腿根部往上发力,挑腿要高。

易犯错误二:易先拧腰,后挑腿。

纠正方法:按照挑腿、拉手、砍头、变脸循序发力,一气呵成。

3. 使用情景

当违法人员使用推搡或击打动作袭击时,安防人员运用把位变化快速调动和破坏嫌疑人的重心,将其摔倒并控制。

十、躺刀

1. 动作要领

(1) 准备姿态:面对面站立,双脚分开与肩同宽,重心前倾,将对方右手臂夹在腋下并抓握大臂。详见图3-4-10①。

(2) 拉臂上步:侧身将右肩部填进对方右腋下,右脚放置于对方两脚之间,胯填进对方大腿内侧。详见图3-4-10②。

图 3-4-10①　　　　　　图 3-4-10②

(3) 摔倒处理:右脚挂住对方右脚,将右手夹贴住对方右腿外侧,同时向侧下方发力。详见图3-4-10③。

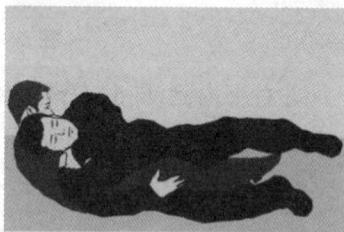

图 3-4-10③

2. 易犯错误及纠正方法

易犯错误一:进把的时机把握不到位,导致动作贴吸得不够紧密。

纠正方法:双人推、拉的进把练习,找到前后借力进把的感觉

易犯错误二:摔倒处理时发力方向错误,身体容易向上翻转,导致倒地后躺在对方身上。

纠正方法:摔倒处理时,注意向侧下方发力,不要有任何翻转的过程。

3. 使用情景

当安防人员在带离违法人员的过程中,遭遇不配合,且与其发生推搡或撕扯时,可借助

其反作用力,迅速填肩挂腿,将其摔倒控制后,进行带离。

十一、穿扛摔

1. 动作要领

(1)准备姿态:双脚平行站立,右手抓握对方右手腕,左手抓住对方右手肘关节。详见图 3-4-11①。

(2)拉臂上步、跟步穿腿:将右脚放置于对方两脚之间,将对方右手臂拉起左脚跟步下蹲,同时右手穿腿,左手下拉,导致对方身体趴在双肩上。详见图 3-4-11②。

(3)摔倒处理:将对方扛起,左手拉,右手送。详见图 3-4-11③。

图 3-4-11①　　　　　图 3-4-11②　　　　　图 3-4-11③

2. 易犯错误及纠正方法

易犯错误一:步伐不到位,导致重心不稳。

纠正方法:上步要在对方两脚之间,跟步要保持与肩同宽,下蹲时肩要顶在对方小腹位置。

易犯错误二:扛起时,容易低头弯腰。

纠正方法:扛起时要做到抬头、挺胸、腰挺直的正确姿势;也可以多增加扛人蹲起的双人练习,稳定动作姿势。

3. 使用情景

当违法人员使用推搡或击打动作袭击时,安防人员降低重心,借助嫌疑人向前冲力,将其迅速扛起摔倒并控制。

十二、夹颈背

1. 动作要领

(1)准备姿态:面对面站立,双脚分开与肩同宽,重心前倾,将对方右手臂夹在腋下并抓握大臂,同时左手夹住对方颈部。详见图 3-4-12①。

(2)上步、抬头:将右脚放置对方右脚内侧,抬头、挺胸。详见图 3-4-12②。

图 3-4-12①　　　　　　　　图 3-4-12②

（3）背步翻腰：快速背步使双脚平行站立、翻腰、降低重心与对方形成十字。详见图 3-4-12③。

（4）蹬腿拉手、摔倒处理：向上蹬腿发力，弯腰、拉手、低头、变脸一气呵成。详见图 3-4-12④。

图 3-4-12③　　　　　　　　图 3-4-12④

2. 易犯错误及纠正方法

易犯错误一：翻腰动作容易变成旋转腰的动作，导致动作变形。

纠正方法：翻腰是上下翻转的一个过程，所以在做动作时要求抬头挺胯，并要求在翻转过程中始终保持抬头、挺胯状态，直到翻转背步到位。可通过徒手的抬头挺胯翻腰练，强化翻腰的过程。也可以在双人练习时，让被摔者推着腰进行翻转。

易犯错误二：摔倒处理时由于发力路线出现错误，或导致拧腰现象。

纠正方法：摔倒处理时要按照顺序上下发力，身体不能随意旋转。可通过徒手练习，找到正确发力路线。也可以在双人练习时，让被摔者双脚轻轻跳起，配合发力。

3. 使用情景

当违法人员使用推搡或击打动作袭击时，安防人员借助嫌疑人往前的冲力，运用把位变化快速背步翻腰，将其摔倒并控制。

十三、单臂揣

1. 动作要领

（1）准备姿态：面对面站立，双脚分开与肩同宽，重心前倾，将对方右手臂夹在腋下并抓握大臂。详见图 3-4-13①。

（2）上步、抱臂：将右脚放置对方右脚内侧，右臂夹抱紧对方右手臂。详见图 3-4-13②。

图 3-4-13①

图 3-4-13②

（3）背步翻腰：快速背步使双脚平行站立、翻腰、降低重心。详见图 3-4-13③。

（4）蹬腿拉手、摔倒处理：向上蹬腿发力，弯腰、拉手、低头、变脸一气呵成。详见图 3-4-13④。

图 3-4-13③

图 3-4-13④

2. 易犯错误及纠正方法

易犯错误一：翻腰动作容易变成旋转腰的动作，导致动作变形。

纠正方法：翻腰是上下翻转的一个过程，所以在做动作时要求抬头挺胯，并要求在翻转过程中始终保持抬头、挺胯状态，直到翻转背步到位。可通过徒手的抬头挺胯翻腰练，强化翻腰的过程。也可以在双人练习时，让被摔者推着腰进行翻转。

易犯错误二：摔倒处理时由于发力路线出现错误，或导致拧腰现象。

纠正方法：摔倒处理时要按照顺序上下发力，身体不能随意旋转。可通过徒手练习，找到正确发力路线。也可以在双人练习时，让被摔者双脚轻轻跳起，配合发力。

3. 使用情景

当违法人员使用推搡或击打动作袭击时，安防人员借助嫌疑人往前的冲力，运用把位变化快速背步翻腰，将其摔倒并控制。

十四、下把背

1. 动作要领

（1）准备姿态：面对面站立，双脚分开与肩同宽，重心前倾，将对方右手臂夹在腋下并抓握大臂，同时右手抄抱住对方左侧腋下。详见图 3-4-14①。

（2）上步、抬头：将右脚放置对方右脚内侧，抬头、挺胸。详见图 3-4-14②。

图 3-4-14① 图 3-4-14②

(3) 背步翻腰：快速背步使双脚平行站立、翻腰、降低重心与对方形成十字。详见图 3-4-14③。

(4) 蹬腿拉手、摔倒处理：向上蹬腿发力，弯腰、拉手、低头、变脸一气呵成。详见图 3-4-14④。

图 3-4-14③ 图 3-4-14④

2. 易犯错误及纠正方法

易犯错误一：翻腰动作容易变成旋转腰的动作，导致动作变形。

纠正方法：翻腰是上下翻转的一个过程，所以在做动作时要求抬头挺胯，并要求在翻转过程中始终保持抬头、挺胯状态，直到翻转背步到位。可通过徒手的抬头挺胯翻腰练，强化翻腰的过程。也可以在双人练习时，让被摔者推着腰进行翻转。

易犯错误二：摔倒处理时由于发力路线出现错误，或导致拧腰现象。

纠正方法：摔倒处理时要按照顺序上下发力，身体不能随意旋转。可通过徒手练习，找到正确发力路线。也可以在双人练习时，让被摔者双脚轻轻跳起，配合发力。

3. 使用情景

当违法人员使用推搡或击打动作袭击时，安防人员借助嫌疑人往前的冲力，运用把位变化快速背步翻腰，将其摔倒并控制。

十五、过胸

1. 动作要领

(1) 准备姿态：面对面站立，将对方右手夹住左腋下，相互搂抱在一起。详见图 3-4-15①。

(2) 上步、跟步下蹲：左脚至对方右脚外侧，右脚上步至对方两脚之间，下蹲、夹肘回收。详见图 3-4-15②。

图 3-4-15①

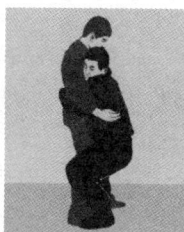
图 3-4-15②

（3）摔倒处理：蹬腿、挺髋、送手、抬头、变脸一气呵成。详见图 3-4-15③。

图 3-4-15③

2. 易犯错误及纠正方法

易犯错误一：搭扣方式错误，容易十指交叉搭扣抱腰。

纠正方法：多增加搭扣抱腰的双人练习，养成正确搭扣的习惯。

易犯错误二：摔倒处理时，蹬挺容易收腹下坐转体。

纠正方法：排除恐惧心理，徒手后倒转体练习，注意发力送手时，手臂要始终在头的上方；摔倒处理时，先让对方跟着发力路线主动跳起，并用厚海绵包保护，在逐渐过渡到直接发力处理。

3. 使用情景

当违法人员使用推搡或冲撞动作袭击时，安防人员借助嫌疑人向前冲力，将其抱起摔倒并控制。

十六、抱肩颈过胸

1. 动作要领

（1）准备姿态：对方低头弯腰，把对方头部和一只手臂压抱在胸前，脚一前一后站立。详见 3-4-16①。

（2）上步、夹肘、下蹲：右脚上步至对方两脚之间，双手夹肘回收，双膝微曲。详见 3-4-16②。

（3）摔倒处理：蹬腿、挺髋、送手、抬头、变脸一气呵成。详见 3-4-16③。

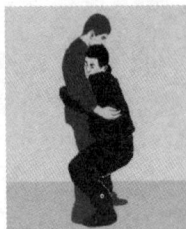

图 3-4-16①   图 3-4-16②   图 3-4-16②

2. 易犯错误及纠正方法

易犯错误一：圈抱肩颈时，身体贴合不紧，难发力。

纠正方法：把对方背步贴合胸前，双手夹肘回收压住头部，让手与身体形成杠杆，便于发力。

易犯错误二：摔倒处理时，蹬挺时容易收腹下坐。

纠正方法：排除恐惧心理，多练习单人的后倒成桥，注意发力送手时，手臂要始终在头的上方；摔倒处理时先让对方跟着发力路线主动跳起，并用厚海绵包保护，在逐渐过渡到直接发力处理。

3. 使用情景

当违法人员主动使用弯腰冲抱或抱腿动作袭击时，安防人员迅速后撤，抱压住嫌疑人的颈肩部，将其摔倒并控制。

第五节　肘膝技术

肘膝技术是安防搏击众多技术中威力巨大、击打效果较好、使用频率较高的技术，大都在近距离执法战斗过程中使用。该技术非常考验个人的核心部位力量，在训练过程中，特别要加强腰腹训练，整体动作要循序渐进，协调发力。

一、扫肘

（一）左扫肘

1. 动作要领

从实战姿势开始，抬起左臂，弯曲肘关节，使上臂与上体成 90°夹角，上臂与前臂成 30°夹角，然后右脚蹬地，重心移向左脚；同时，顺时针扭转上体，将左肘向右沿弧线送出。扫肘的运动路线应该大致同地面平行。详见图 3-5-1①。

2. 易犯错误及纠正方法

易犯错误：无扫肘动作。

纠正方法：抬肘时上臂与躯干夹角成 90°，肘击时有蹬地转腰、扫肘动作。

图 3-5-1①

图 3-5-1②

3. 使用情景

（1）当受到违法人员用直拳或摆拳攻击时，可以在下潜闪过同时利用扫肘攻击违法人员肋部。详见图 3-5-1②。

（2）当违法人员用下勾拳攻击时，可以通过后撤步侧闪开同时利用左肘扫肘技术攻击违法人员面部。

（二）右扫肘

1. 动作要领

从实战姿势开始，抬起右臂，弯曲肘关节，使上臂与上体成 90°夹角，上臂与前臂成 30°夹角，然后左脚蹬地，重心移向右脚；同时，逆时针扭转上体，将右肘向左沿弧线送出，扫肘的运动路线应该大致同地面平行。详见图 3-5-1③。

图 3-5-1③

图 3-5-1④

2. 易犯错误及纠正方法

与左扫肘一致。

3. 使用情景

（1）当受到违法人员用直拳或摆拳攻击时，可以在下潜闪过同时利用扫肘攻击违法人员肋部。

（2）当违法人员用下勾拳攻击时，可以通过后撤步侧闪开同时利用右肘扫肘技术攻击违法人员面部。详见图 3-5-1④。

二、挑肘

(一) 左挑肘

1. 动作要领

从实战姿势开始,左脚向前迈步,顺势挺直上体,左肘关节屈紧,用肘部由下向上击打目标,通常以嫌疑人下颌为击打目标。详见图 3-5-2①、图 3-5-2②。

2. 易犯错误及纠正方法

易犯错误:挑肘时没有挺直上体动作。

纠正方法:要求练习时发力起于脚,挑肘时同侧脚快速蹬地,顺势挺上体。

3. 使用情景

当违法人员使用右直拳进攻我头部时,我在左臂阻挡来拳同时用左挑肘攻击违法人员下颌。

图 3-5-2①　　　　　　　　图 3-5-2②　　　　　　　　图 3-5-2③

(二) 右挑肘

1. 动作要领

从实战姿势开始,右脚向前迈步,顺势挺直上体,右肘关节屈紧,用肘部由下向上击打目标,通常以嫌疑人下颌为击打目标。详见图 3-5-2③。

2. 易犯错误及纠正方法

与左挑肘一致。

3. 使用情景

当违法人员使用左直拳进攻我头部时,我在左臂阻挡来拳同时用右挑肘攻击违法人员下颌。

三、斜肘

(一) 右斜肘

1. 动作要领

从实战姿势开始,抬起右臂,弯曲肘部,从右下方向左上方击打目标。肘部运行路线与地面成45°左右夹角。同时左肘弯曲收紧，左拳置于下巴。详见图3-5-3①、图3-5-3②。

图 3-5-3①　　　　　　　　图 3-5-3②

2. 易犯错误及纠正方法

易犯错误：肘击时肘部运行路线太正。

纠正方法：通过用肘部击打陪练队友置于额头左上角的靶子来纠正动作。

3. 使用情景

(1) 当违法人员使用右直拳进攻我头部时，我在左臂阻挡来拳同时近身，用右斜肘技法攻击违法人员下颌。详见图3-5-3③。

(2) 当违法人员用双手勾压我时，我顺势近身，并利用右肘斜肘技法进攻违法人员下颌。详见图3-5-3④。

图 3-5-3③　　　　　　　　图 3-5-3④

（二）左斜肘

1. 动作要领

从实战姿势开始，抬起左臂，弯曲肘部，从左下方向右上方击打目标。肘部运行路线与地面成45°左右夹角。同时右肘弯曲收紧，右拳置于下巴。

2. 易犯错误及纠正方法

与右斜肘一致。

3. 使用情景

(1) 当违法人员使用左直拳进攻我头部时，我在右臂阻挡来拳同时近身，用左斜肘技法攻击违法人员下颌。

(2) 当违法人员用双手勾压我时，我顺势近身，并利用左肘斜肘技法进攻违法人员下颌。

四、砸肘

(一) 右砸肘

1. 动作要领

从实战姿势开始,侧转身体,上右脚靠近击打目标,同时抬起右臂,弯曲肘关节,用肘尖从上向下击打目标。详见图 3-5-4①、图 3-5-4②。

2. 易犯错误及纠正方法

易犯错误:肘击时仅依靠上肢力量。

纠正方法:练习时教官通过语言提醒学员左侧腹背肌肉收紧发力,即重视腹背肌肉力量的利用。

图 3-5-4①　　　　　　　　图 3-5-4②

3. 使用情景

(1) 当违法人员使用左直拳进攻时,左手臂收紧防守同时上右脚,利用右肘砸肘攻击违法人员头部或肩部,注意上右脚时带动左脚向右后方移动。详见图 3-5-4③。

(2) 当违法人员用腿攻击时,通过同侧手抄抱住违法人员小腿,同时用对侧肘的砸肘技法砸击嫌疑人大腿内侧肌肉。详见图 3-5-4④。

图 3-5-4③　　　　　　　　图 3-5-4④

(二) 左砸肘

1. 动作要领

从实战姿势开始,侧转身体,上左脚靠近击打目标,同时抬起左臂,弯曲肘关节,用肘尖从上向下击打目标。

2. 易犯错误及纠正方法

与右砸肘一致。

3. 使用情景

(1) 当违法人员使用右直拳进攻时,右手臂收紧防守同时上左脚,利用左肘砸肘攻击违法人员头部或肩部,注意上左脚时带动右脚向左后方移动。

(2) 当违法人员用腿攻击时,通过同侧手抄抱住违法人员小腿,同时用对侧肘的砸肘技法砸击嫌疑人大腿内侧肌肉。

五、直膝

(一) 右直膝

1. 动作要领

从实战姿势开始,用左脚迈向目标,提起右腿,大小腿自然折叠,上体略后仰,髋部前挺,用膝关节沿直线前冲。详见图3-5-5①、图3-5-5②、图3-5-5③。

图3-5-5①   图3-5-5②   图3-5-5③

2. 易犯错误及纠正方法

易犯错误:顶膝时无挺髋动作。

纠正方法:练习时教官通过语言提醒学员左脚蹬地,顺势以右髋前挺推动膝关节前冲。

3. 使用情景

(1) 当违法人员使用右拳攻击我时,我左手臂收紧防守同时卷夹住违法人员右前臂,同时提右膝以右直膝攻击对手腹部,膝顶时右手应抓住对手肩部往回拉,与膝顶形成迎击。详见图3-5-5④、图3-5-5⑤。

(2) 当违法人员用左拳攻击我头颈部时,我通过右侧手臂掩肘防守对方进攻,同时以左手拉对手左肩,与左膝直膝进攻形成迎击。详见图3-5-5⑥。

图3-5-5④   图3-5-5⑤   图3-5-5⑥

（二）左直膝

1. 动作要领

从实战姿势开始，用右脚迈向目标，提起左腿，大小腿自然折叠，上体略后仰，髋部前挺，用膝关节沿直线前冲。

2. 易犯错误及纠正方法

易犯错误：顶膝时无挺髋动作。

纠正方法：练习时教官通过语言提醒学员右脚蹬地，顺势以左髋前挺推动膝关节前冲。

3. 使用情景

（1）当违法人员使用左拳攻击我时，我右手臂收紧防守同时卷夹住违法人员左前臂，同时提左膝以左直膝攻击对手腹部，膝顶时左手应抓住对手肩部往回拉，与膝顶形成迎击。

（2）当违法人员用右拳攻击我头颈部时，我通过左侧手臂掩肘防守对方进攻，同时以右手拉对手右肩，与右膝直膝进攻形成迎击。

六、跳膝

（一）右跳膝

1. 动作要领

从实战姿势开始，用左脚迈向目标，提起右腿，大小腿自然折叠，左脚快速蹬地跳起，同时右髋部前挺，用膝关节沿直线前冲，跳膝通常以胸部、下颌为攻击目标。详见图 3-5-6①、图 3-5-6②。

图 3-5-6①   图 3-5-6②

2. 易犯错误及纠正方法

易犯错误：跳膝腿先于支撑腿发力。

纠正方法：练习时教官通过分解练习，先练习左腿蹬地跳起动作，在动作熟练后再结合右腿屈膝前顶练习。

3. 使用情景

当违法人员搂抱我时，我用双手拉其双肩或头部，并借势以跳膝攻击对方胸部或下颌，跳膝攻击与双手回拉应协同。详见图 3-5-6③。

图 3-5-6③

（二）左跳膝

1. 动作要领

从实战姿势开始，用右脚迈向目标，提起左腿，大小腿自然折叠，右脚快速蹬地跳起，同时左髋部前挺，用膝关节沿直线前冲，跳膝通常以胸部、下颌为攻击目标。

2. 易犯错误及纠正方法

易犯错误：跳膝腿先于支撑腿发力。

纠正方法：练习时教官通过分解练习，先练习右腿蹬地跳起动作，在动作熟练后再结合左腿屈膝前顶练习。

3. 使用情景

与右跳膝一致。

第六节　控制技术

在前面五节里，我们重点介绍了嫌疑对象在站立情况下，我们如何使用拳脚或者摔法技术使其倒地，进行强制控制。控制应该是执法战斗中的最终目的，其重要性可想而知。在训练前，我们需要大致了解人体解剖学，力学等内容，为学习控制类技术做好准备。

一、面向下十字交叉控制

1. 动作要领

当把对方摔倒，并处于仰面状态时，迅速抱压住对方，使自己胸部贴紧对方正面躯干并与其身体形成十字交叉状态，双手主动去抱握对方的颈肩部，双脚最大程度打开，并支撑地面，把对方扣压在地面上动弹不得。详见图 3-6-1①正、图 3-6-1②侧。

图 3-6-1①　正　　　　　　　图 3-6-1②　侧

2. 易犯错误及纠正方法

易犯错误一：控制对方时，易双膝跪地，使其没有压迫感，易翻转逃脱。

纠正方法：控制时应当双膝离地，双腿最大程度打开，用前脚掌支撑地面，增大胸部的挤压力量，反复练习，形成习惯。先配合练习，再逐渐过渡到对抗练习。

易犯错误二：抱握压住对方时，由于对手反抗，易破坏十字交叉状态。

纠正方法：应当根据对方的移动方向，以对方最大受压迫点为轴心，脚下积极主动地去调整角度，始终保持十字状态。先配合练习，再逐渐过渡到对抗练习。

易犯错误三：控制时，易将头抬起。

纠正方法：控制时，应当将头部紧贴对方，能够很好增大压力，同时还能够防止对方用手去抓、挠、推脸部，使其快速挣脱。

3. 使用情景

当安防人员运用摔法动作将违法人员摔至仰面状态时，跟随动作惯性，迅速趴在对方胸腔上，形成面向下十字控制，将违法人员制服。

二、面向上十字交叉控制

1. 动作要领

当把对方摔倒，并处于仰面状态时，迅速将自己背部贴紧对方正面躯干并与其身体形成十字交叉状态，左手抱夹住对方右手臂，右手夹抱住对方的颈肩部，右腿伸直，左腿弯曲，最大程度打开，并支撑地面，把对方压在地面上动弹不得。详见图3-6-2。

图3-6-2

2. 易犯错误及纠正方法

易犯错误一：控制对方时，易臀部坐在地上，使其没有压迫感，易翻转逃脱。

纠正方法：控制时应当臀部离地，前脚掌最大程度支撑地面，把所有重心压迫对方胸腔，使其呼吸困难。

易犯错误二：抱握压住对方时，由于对手反抗，易破坏十字交叉状态。

纠正方法：应当根据对方的移动方向，以对方最大受压迫点为轴心，脚下积极主动地去调整角度，始终保持十字状态。先配合练习，再逐渐过渡到对抗练习。

易犯错误三：将对方头、手回收过度，易导致对方迅速坐起与其反抗挣脱。

纠正方法：控制时务必将对方胸腔压在身下，在回收头、手时，重心不要发生变化，躯干往下压，头、手往回吸，使对方呼吸困难无法反抗。先配合练习，再逐渐过渡到对抗练习。

3. 使用情景

当安防人员运用摔法动作将违法人员摔至仰面状态时，跟随动作惯性，迅速坐躺在对方胸腔上，形成面向上十字交叉控制，将违法人员制服。

三、十字锁腕

1. 动作要领

这是一个变化的控制方法,无论是面向下控制或是面向下控制时,对方对面部、头部,使用抓、挠、推等方式,破坏控制或导致无法绝对控制时,迅速变换控制手法,迅速将对方右手压在身下,左手迅速抓握对方左手手腕,右手从对方左臂下方绕抱住左手,形成交叉十字锁腕(如:面向上控制,需先将双手手臂控制住,身体再翻转扣押在对方胸腔上)。详见图3-6-3。

图 3-6-3

2. 易犯错误及纠正方法

易犯错误一:控制不住对方右手,导致无法完成十字锁腕。

纠正方法:在完成十字锁腕之前,先要对另一只手实施控制,要将另一只右臂压在身下,或是压在腿下,使其无法造成破坏,再进行十字锁腕。

易犯错误二:在进行十字锁腕时,抓握不准确。

纠正方法:在控制好右手的前提下,双手去抓握对方另一只手的手腕处,并按压在地上,再迅速换手,形成杠杆交叉状态。先配合练习,再逐渐过渡到对抗练习。

易犯错误三:在变换手法控制时,重心不稳。

纠正方法:无论控制哪只手臂,重心要始终进压在对方胸腔上,不能发生任何变化。先配合练习,再逐渐过渡到对抗练习。

3. 使用情景

当安防人员运用面向上十字交叉控制或是面向下十字控制时,遭遇违法人员对其面部、头部,使用抓、挠、推等方式,阻碍控制或导致无法绝对控制时,迅速变换控制把位,形成十字锁腕控制,将违法人员制服。

四、双手夹头控制(卧姿、跪姿)

1. 动作要领(卧姿)

当把对方摔倒,并处于俯卧状态时,迅速骑坐对方背部,右手插入对方颈喉部,双手搭扣,夹肘回收,形成双手夹头控制状态。详见图3-6-4①正、图3-6-4②侧。

图 3-6-4① 正　　　　　　　　图 3-6-4② 侧

2. 动作要领(跪姿)

将对方摔至地面时,对方迅速跪起或是坐起时,主动快速紧贴对方背部,左手插入对方颈喉部,双手搭扣,夹肘回收,形成双手夹头控制状态。详见图 3-6-4③正、图 3-6-4④侧。

图 3-6-4③ 正　　　　　　　　图 3-6-4④ 侧

3. 易犯错误及纠正方法

易犯错误一:右(左)手插入不到位,不能形成有效控制。

纠正方法:右(左)手插入时手臂要完全包裹住对方颈喉部,手臂回收发力使其丧失反抗能力。先配合练习,再逐渐过渡到对抗练习。

易犯错误二:锁喉左(右)手肘关节位置不对,应置于对方肩后侧。

纠正方法:双手搭扣锁喉时,另一侧手的肘关节应置于对方肩后侧,协同发力形成双手夹头控制。先配合练习,再逐渐过渡到对抗练习。

4. 使用情景

(1)当安防人员将违法人员摔成卧姿状态时,迅速坐骑在腰背部,将双手插入颈喉部形成控制。

(2)当安防人员将违法人员摔成卧姿状态未能及时控制,违法人员迅速爬跪起时,安防人员迅速跟上,形成跪姿双手控制状态。

五、包饺子(坐姿、卧姿)

1. 动作要领(坐姿)

将对方摔成仰面状态时,右手迅速抱住对方的单腿膝关节,左手圈头,双手形成搭扣状态,最大限度缩短头部与一侧腿之间的距离,使对方身体蜷缩,迅速夹肘收紧对方并控制对方,使其丧失反抗能力。详见图 3-6-5①。

2. 动作要领（卧姿）

将对方摔成俯卧状态时，双手压控住对方颈肩部，并迅速向一侧移动，同时用脚迅速勾挂住对方一只脚，使对方身体蜷缩在一起，再将左手迅速换手抄抱对手膝关节，双手搭扣，夹肘收紧对方并控制对方，使其丧失反抗能力。详见图 3-6-5②。

图 3-6-5①　　　　　　　　图 3-6-5②

3. 易犯错误及纠正方法

易犯错误一：坐姿控制时，抱膝、圈头不及时，导致无法形成控制。

纠正方法：将对方摔成仰面状态时，要借助摔倒的惯性，将对方膝关节最大程度弯曲，使其失去发力角度，并迅速圈抱颈部，使其无法挣脱。先配合练习，再逐渐过渡到对抗练习。

易犯错误二：卧姿控制时，圈抱头颈及圈抱单腿时不能够快速协调。

纠正方法：将对方摔成卧姿状态时，迅速缩短颈部与脚的距离，并且快速控制其一只脚，同时快速换手形成搭扣控制。先配合练习，再逐渐过渡到对抗练习。

4. 使用情景

（1）当安防人员将违法人员摔成卧姿状态时，迅速借助惯性压控一条腿，并迅速换手形成控制。

（2）当安防人员将违法人员摔成卧姿状态时，迅速控制肩颈部，并迅速缩短头与脚之间的距离，迅速换手形成控制。

六、双骑缠

1. 动作要领

当对方形成爬跪状态时，迅速骑坐在对方腰上，双脚缠绕对方大腿内侧或双脚搭扣对方腹部，同时双手从腋下绕至颈后，主动带动对手翻转，双手推头挺胯，使对方动弹不得。详见图 3-6-6①正、图 3-6-6②侧。

图 3-6-6①　正　　　　　　　图 3-6-6②　侧

2. 易犯错误及纠正方法

易犯错误一：将对方摔至地面时，不能快速主动地去跟上，使对方站起逃脱。

纠正方法：将对方摔至地面时，要迅速跟上坐骑在对方腰间形成搭扣，将对方控制成65°跪撑状态。先配合练习，再逐渐过渡到对抗练习。

易犯错误二：坐骑在对方后背时，不能快速准确地实行双手搭扣。

纠正方法：当坐骑在对方后背时，迅速趴在对方后背，并利用对方双手撑地空隙，双手迅速从对方腋下绕至颈后下压，形成控制。先配合练习，再逐渐过渡到对抗练习。

3. 使用情景

当安防人员将违法人员摔成卧姿状态未能及时控制，违法人员迅速爬跪起时，安防人员迅速坐骑在违法人员背上，形成双骑缠控制状态。

七、十字固控制

1. 动作要领

将对方摔成仰面状态时，迅速将对方手臂拉直收紧，使对方手掌向上成反关节固定在自己胸前，迅速下坐的同时左腿膝关节后侧压紧对方颈部，右腿膝关节后侧压紧对方胸部，拉手挺胯与其身体形成十字交叉固定状态，控制对方。详见图3-6-7①正、图3-6-7②侧。

图3-6-7①　正　　　　　　　图3-6-7②　侧

2. 易犯错误及纠正方法

易犯错误一：手臂容易抓握不紧并控制不了对方的手臂造成逃脱。

纠正方法：将对方摔倒时，要抓住对方一只手臂，不能送手。先配合练习，再逐渐过渡到对抗练习。

易犯错误二：身体形成十字交叉时容易速度过慢而使对方反攻或逃脱。

纠正方法：拉手、下坐、下压要同时，并且拉手、挺胯一气呵成。先配合练习，再逐渐过渡到对抗练习。

3. 使用情景

当安防人员将违法人员摔成仰面状态时，要拉住一只手，不能让违法人员挣脱，并迅速下坐形成十字固控制状态。

第七节　防守技术

一、防拳法或手持凶器进攻技术

（一）拍挡

1. 动作要领

以左腿在前实战姿势开始，左手以拳心或掌心为着力点对准嫌疑人来拳横向拍挡，同时上体微右转做侧闪动作，动作完成后即刻还原成实战姿势。右腿在前的实战姿势以右手进行拍挡，动作要领相同，上体向左做侧闪动作。详见图3-7-1①、图3-7-1②。

图 3-7-1①　　　　　　　　　图 3-7-1②

2. 应注意的问题

拍挡时只动前臂，不要伸肘或伸臂，向斜后方拍挡。

3. 使用情景

（1）用于徒手制止工作中防守违法人员的正面冲拳攻击；（2）在控制过程中在防守的基础上进行反击，例如，与正蹬腿、另外一只手的拳法进攻或贴身的摔法。

（二）挂挡

1. 动作要领

以左腿在前实战姿势开始，左手屈臂由前向后挂挡置于耳郭处，屈肘下垂，同时上体微右转，动作完成后即刻还原成实战姿势。右腿在前的实战姿势以右手进行挂挡，动作要领相同，同时上体向左微侧转。详见图3-7-2①、图3-7-2②。

图 3-7-2①　　　　　　　　　图 3-7-2②

2. 应注意的问题

当屈臂挂挡至耳郭处时肘关节不能外翻或抬起,这样使得防守不够严密。

3. 使用情景

(1)用于徒手制止工作中防守违法人员用贯拳或棍之类对头部耳侧的攻击;(2)工作过程中,可与其他徒手搏击技法或器械结合进行防守反击。

(三) 拍压

1. 动作要领

以左腿在前实战姿势开始,左拳变掌以掌心为着力点由上向下,拍压,曲肘,前臂拍压至近水平,指尖向内,动作完成后即刻还原成实战姿势。右腿在前的实战姿势以右手进行拍压,动作要领相同。详见图3-7-3。

图 3-7-3

2. 应注意的问题

拍压时手臂不能伸直,注意指尖方向向内拍压。

3. 使用情景

(1)主要用于防守违法人员用拳或其他凶器对腹部的攻击,如违法人员手持凶器拍压部位为对方手臂;

(2)工作过程中,可与其他徒手搏击技法或器械结合进行防守反击。

(四) 后闪

1. 动作要领

以左腿在前实战姿势为例,重心后移,梗脖缩颈,躯干略向后闪躲。详见图3-7-4①、图3-7-4②。

图 3-7-4①

图 3-7-4②

2. 应注意的问题

后闪时不应是头部后仰,而是躯干以上部位的整体协调后闪。

3. 使用情景

(1) 主要用于防守违法人员用拳或其他凶器对身体的正面进攻;

(2) 制止过程中,可与其他徒手搏击技法或器械结合进行防守反击;

(五) 侧闪

1. 动作要领

以左腿在前实战姿势为例,两膝微屈,俯身,躯干向左或者向右侧闪躲。详见图 3-7-5。

图 3-7-5

2. 应注意的问题

侧闪时注意对身体重心的控制,上体不应俯过去太多;闪躲应是躯干以上部位的侧闪,不是歪头。

3. 使用情景

(1) 主要用于防守违法人员用拳或其他凶器对身体的正面或侧面进攻;

(2) 制止过程中,可与其他徒手搏击技法或器械结合进行防守反击;

(六) 下躲闪

1. 动作要领

以左腿在前实战姿势为例,两膝微屈,沉胯缩颈,使重心下降,上体顺势向下躲闪,双手收紧防护头部和躯干。详见图 3-7-6①、图 3-7-6②、图 3-7-6③。

图 3-7-6①　　　　　　　图 3-7-6②　　　　　　　图 3-7-6③

2. 应注意的问题

屈膝、身体顺势前俯和双手收紧防守要同时完成。

3. 使用情景

（1）主要用于防守违法人员用拳或其他凶器对身体的正面或侧面进攻；

（2）制止过程中，可与其他徒手搏击技法或器械结合进行防守反击；

二、防腿法进攻技术

（一）右手抄抱

1. 动作要领

以左腿在前实战姿势为例，左手微屈并外旋，紧贴腹前，手心朝上，同时右手屈臂紧贴胸前，立掌，虎口朝上，掌心朝外。上体微左转，完成动作后回原位。详见图3-7-7①、图3-7-7②。

图3-7-7①　　　　　　　　　图3-7-7②

2. 应注意的问题

注意抄抱时肘部不能离开躯干，否则容易出现防守漏洞。

3. 使用情景

（1）可用于防守违法人员用腿或棍棒类物体从右向左对身体侧面的横向攻击；

（2）制止过程中，可与其他徒手搏击技法或器械结合进行防守反击。

（二）左手抄抱

1. 动作要领

以左腿在前实战姿势为例，左手外旋弯曲，上臂紧贴肋部，前臂水平，手心朝上，同时右手屈臂紧贴腹部，立掌，手心朝外，手指朝上。同时上体微左转，完成动作后回原位。详见图3-7-8。

图3-7-8

2. 应注意的问题

注意抄抱时肘部不能离开躯干,否则容易出现防守漏洞。

3. 使用情景

(1) 可用于防守违法人员用腿或棍棒类物体从右向左对身体侧面的横向攻击;

(2) 制止过程中,可与其他徒手搏击技法或器械结合进行防守反击。

(三) 正面抄抱

1. 动作要领

以左腿在前实战姿势为例,左手曲肘由前上取捷径腹前成掌心向上抄捧状,上臂紧贴躯干;右手体侧防守取捷径向前下方推按;左右手成合围状,同时收腹成背弓。详见图 3-7-9①、图 3-7-9②。

图 3-7-9①　　　　　　　　图 3-7-9②

2. 应注意的问题

注意左手托捧与右手推按要协同,同时做收腹成背弓,否则容易出现接住对方腿的同时也被对方蹬到。

3. 使用情景

对方从中路以蹬腿袭击安防人员时采用。

【微信扫码】
相关资源

第四章 安防搏击训练方法与手段

按照训练内容的性质划分,安防搏击训练可分为技术训练、体能训练和安防技能训练三个方面,不同训练内容采用的方法与手段不同。本章节主要阐释安防搏击训练的技术方法与手段和安防搏击体能的训练方法与手段。

第一节 安防搏击技术的训练方法与手段

一、安防搏击技术的训练方法

安防搏击是一个循序渐进的过程,它由易到难、由简到繁、由单独动作到组合动作、由单独训练到实战对抗,采用的方法都应遵循训练的实际需求,以便达到将技术转变为实战技能的最终目的。安防搏击训练技术是教官与学员在训练过程中采用的完成训练任务的方法与途径。安防搏击训练技术解决了教官如何教、学员如何练的问题。

安防搏击技术训练方法有两大类:一类是一般训练方法,它可以与其他技术训练通用;另一类是特殊训练方法,特指安防搏击训练过程中所能采用的方法。

(一) 一般训练方法

1. 感官法

(1) 感官法释义

感官法是指在实际训练过程中,通过人体各种感觉器官完成技术学习及训练的方法。此方法优点在于通过视觉、听觉及皮肤感觉等帮助学员取得技术上的感性认识,树立正确的表象。感官法是安防搏击技术学习与练习的基本方法。

(2) 应用感官法应注意的事项

① 不同学习阶段所运用的感观不同,在初学阶段着重于视觉、听觉的运用,在提升阶段注重皮肤、肌肉感觉的运用。

② 应当注重通过大脑这一感官中枢实现感性认识向理性认识的转化,提升感官的综合分析能力,推动实战技术的掌握。

2. 完整法与分解法

（1）完整法与分解法释义

完整法是指学员在技术训练过程中学习从动作开始到结束的姿势，完整地完成训练的方法；而分解法是指将整个技术分成若干环节逐一练习的训练方法。

（2）应用完整法与分解法应注意的事项

① 根据技术的结构特点，分解的技术应当注重技术之间的衔接关系。

② 针对复杂技术的训练，可以先采用分解法详细解释动作再运用完整法进行训练。

③ 应当根据动作难度、训练阶段、学员掌握技术的熟练程度决定是单独采用分解法或是完整法还是应将两种方法结合。

3. 想象法与表象法

（1）想象法与表象法释义

想象法是指学员在练习前通过对技术要领的想象在大脑皮层留下"影子"，再通过这些"影子"完成训练的方法；表象法（念动法）指的是学员在学习完动作技术后在大脑中完成正确技术的回顾，来达到训练目的。

（2）应用想象法与表象法应注意的事项

① 已经形成的动作释义是想象法的基础，想象内容是对直观影像和技术要领的抽象描述。

② 表象法在大脑中所回忆的技术可能是学员自身的技术也可能是别人正确的技术。

③ 这两种方法都注重大脑的使用。在最初学习阶段，想象法用于技术学习的准备，而表象法一般用于巩固提高技术阶段。

④ 在安防人员开展工作任务之前的单兵战术演练也可以运用表象法。

4. 减难法与加难法

（1）减难法与加难法的释义

减难法是以低于实战要求的难度进行技术训练的方法；反之，加难法是以高于实战要求的难度进行训练的方法。

（2）应用减难法与加难法应注意的事项

① 在运用减难法和加难法时不应破坏技术动作的结构及组合技术的组合规律。

② 减难法的使用多在学习的初始阶段，通过降低击打力度、速度及组合技术的数量进行技术的训练。

③ 加难法的使用多在技术巩固提升及运用阶段，通过增加技术完成的阻力、速度和组合技术的数量进行技术的训练。

（二）特殊训练方法

1. 原地规范技术训练法

（1）原地规范技术训练法释义

原地规范技术训练法适用于技术训练的初始阶段，指的是学员在了解和熟悉动作要领的条件下，不借助任何辅助器材，根据动作要领原地进行单个技术的训练。

（2）应用原地规范技术训练法应注意的事项

① 对于某些复杂的技术的学习，可以适时进行分解练习。教官可以根据实际需要对技

术结构进行动作拆解,对于拆解的动作分段进行示范与讲解,在掌握后可以进行完整的动作练习。

② 在训练过程中重点要求学员体会动作要领、起止路线、击打的着力点和发力顺序。练习后期根据实际需要对学员的动作节奏做出一定的要求。

③ 需要通过反复练习强化学员的动作意识,定型正确的技术动作。

④ 原地规范技术训练法需要与感官法、想象法和重复训练法等其他训练方法相结合使用。

2. 运动中规范技术训练法

(1)运动中规范技术训练法释义

在实战过程中,多数通过运动完成安防搏击技术的运用。因此在安防搏击技术训练时应尽量模拟实际情况,结合移动进行技术训练。运动中规范技术训练法指的是学员结合步法移动进行独立训练的技术训练方法。

(2)应用运动中规范技术训练法应注意的事项

① 规范的安防搏击技术、移动步法和尽可能真的实物场景是运动中规范技术训练法的基本构成要素。

② 运动中规范技术训练法以熟练掌握规范安防搏击基本技术为基础。

③ 进行步法训练的基本原则是拳动步动、腿到步到;在进行摔法和控制技术时应遵循"足进肩随即拧腰,套封插绊就见跤"的原则。

④ 应在掌握基本步法和技术结合应用的基础上,模拟真实场景,进行规范技术训练。

⑤ 在训练过程中应注重解决身体协同能力,保证实战迅速、隐蔽且准确地完成各项攻防技术动作。

3. 单兵操练法

(1)单兵操练法释义

人的认知规律和动作技能的学习规律是在安防搏击技术教学时所需遵循的基本规律。教官将完整的技术传授给学员之后,学员自身可以在自己无对抗的情况下独立进行动作练习以便熟练掌握技术,这就是单兵操练法。单兵操练法具有特殊性,它不要求陪练,也不需要打沙袋或者打靶子,一般仅采用空击的方法进行训练。

(2)应用单兵操练法应注意的事项

① 单兵操练法的训练内容不受局限,既可以是单个技术的练习也可以是组合技术的练习,可以是同一性质或不同性质的搏击技术。

② 单兵操练法可以配合想象法与表象法一起使用。在训练早期可以采用空击形式进行训练,后期趋向与想象法结合训练,用以提高学员运用安防搏击技术的能力。

③ 在使用单兵操练法的安防搏击技术训练时,可以根据学员技术掌握程度分步骤实施,力求贴近实战。在初始阶段可以进行个人单个技术空击练习,逐步向个人组合技术空击练习过渡,最后进行随机组合技术空击练习,需要在练习中假想一个抓捕对象。

4. 配合训练法

(1)配合训练法释义

配合训练法是指根据安防人员执行任务的实际需要,为满足技术学习、练习及实战的需要，通过陪练熟练掌握安防搏击基本技术的一种训练方法。这种方法有助于学员体验在技术运用过程中的肌肉感觉，从而建立一套正确、稳定的动力定型。

（2）应用配合训练法应注意的事项

① 配合训练法以学员基本熟练掌握安防搏击技术为基础，陪练者通过借助手靶、脚靶、身体某一部分模拟真实环境。

② 配合训练法也应当遵循循序渐进的原则，从原地、固定技术配合练习向移动、非固定技术配合练习过渡，从同一性质的技术向不同性质的技术过渡，例如，将拳脚进攻结合摔法、控制技术。

③ 配合训练法的不同训练内容、训练负荷不仅可以进行技术训练，也可以用于安防职业体能的发展。

④ 配合训练法可以结合减难法、加难法等其他训练方法配合运用。

5．模拟训练法

（1）模拟训练法释义

模拟训练法是指为提高学员对技术运用的熟练程度及实战中的技术运用能力，学员在教官或陪练的配合下针对某种具体情况进行攻防技能运用的能力训练方法。模拟训练法基于生理学中人体反应基础：条件刺激—应答—再条件刺激—再应答，在这一过程中来确定稳定条件反射。

（2）应用模拟训练法应注意的事项

① 人体在应激状态下做出的反应通常是十分简单的或者会形成稳定条件反射，因此通过模拟训练法促使学员建立尽可能多的条件反射，借以提高学员的应变能力十分重要。

② 学员可以通过模拟训练法对某种单个或组合技术进行运用。

6．条件实战训练法

（1）条件实战训练法释义

在安防搏击技术实际训练过程中进行有附加条件的训练是条件实战训练法。条件实战训练法的目的是为了实现诸如提高学员对拳法的运用能力、拳法结合近身控制技术的运用能力或者是队员间协同过程中安防搏击技术的运用能力。

（2）应用条件实战训练法应注意的事项

① 明确的限制条件是应用条件实战训练法的基本条件。

② 在应用过程中，可以根据发现目标、具体训练内容及要求附加不同的条件，从而进行更有针对性的训练。

③ 学员及陪练在实战过程中需要严格遵照限制条件。

④ 应用条件实战训练法进行安防搏击技术训练时可结合安防战术进行训练，以提高训练的实效性。

7．实战训练法

（1）实战训练法释义

实战训练法是采用实战的方式进行安防搏击技术训练的方法。安防搏击的实战训练既可以检验学员技术运用能力又可以作为训练方法提升学员对安防搏击技术的运用能力。

（2）应用实战训练法应注意的事项

① 实战训练法中的实战是指在竞赛规则基础上两个学员之间的竞赛行为，而不是执行任务过程中的抓捕行为。

② 实战训练法的运用一般在训练后期，即学员有一定自我保护能力和抗打击能力之后，在进行时，教官需要注意控场并做好防护措施及紧急处置预案。

③ 应当建立一个顺畅无阻的信息反馈渠道，以便教官在实战训练过后及时分析、评价学员的表现，发现学员的优点及不足，提出针对性的改进意见。

④ 安防搏击技术训练应以条件实战训练法为主、实战训练法为辅。

二、安防搏击技术的训练手段

安防技术训练方法具有宏观性及指导性，但在实际训练过程中，不同的项目的训练内容、训练任务、实现目标的途径不同。因此，在安防搏击训练过程中，以提高学员对技术掌握熟练程度和运用能力为目的采用的具体练习方法被称为安防技术训练手段。

1. 空击练习

空击是安防搏击训练的一个十分重要的手段，熟练掌握安防搏击技术，提高自身在实战中的应用能力离不开空击训练手段。在实际操作过程中，空击是一个要求较低的练习手段，它不需要陪练、靶或假人；空击练习形式多样化，既可以原地进行也可以在移动中练习，还可以通过随机组合技术进行空击。学员可以通过重复空击进行练习以熟练掌握基本技术，结合想象法想象抓捕对象进行攻防练习以提高实战中的技术运用能力。空击练习适合于学员训练的不同阶段。

2. 打沙袋（摔假人）练习

安防搏击训练的第一步是熟练掌握基本技术，想要进一步提高实战中运用技术的打击力度是另一项任务。借助某些器械进行的力量练习不能完全调整学员运用技术时的击打力度，通过打沙袋的练习能有效将练习中的效果转化到实战中，这种练习就被称为技术沙袋练习。通过技术沙袋练习，学员能够更好地体会到当一个动作完成时所需要的发力，促使运用技术时发力更加顺畅，提高相应的打击力度。此外，素质沙袋的打沙袋练习以发展专项速度、力量和耐力为目的，主要依靠打沙袋的负荷程度、间歇时间的控制来达到目的。

3. 打靶练习

打靶练习依据所使用的技术固定情况分为打固定靶和打非固定靶。打固定靶在学员的练习初期阶段可以提高其动作熟练程度，在后期可以发展学员动作的力度和耐力，打非固定靶可以提高学员反应能力、距离感、合理选择技术和击打准确度。根据发展内容性质，打靶练习还可以划分为技术靶、战术靶和素质靶。技术靶是通过打靶熟悉、规范单个或组合技术的练习方法；战术靶是以培养各学员实战的战术意识，依据假定的执法过程中的情况形成固定或随机的打法的练习方法；素质靶是用来提升学员动作速度、击打力量和耐力的练习方法。根据不同的训练内容、负荷量及间歇时间，可以选择不同的打靶方式来培养不同的学员。

4. 递招练习

递招练习是以培养学员对技术的运用能力为目的，通过教官或陪练依据规定的方法反复向练习的学员递招，学员依据具体情况做出相应的攻防动作，从而锻炼反应速度、正确把握战机、提高技术运用效率、建立稳定的条件反射，最终使得技术运用达到自动化。递招练习需要注意难度的循序渐进，注重由简到繁的分级过渡，综合培养学员防守、防守反击及一招制敌的能力。

5. 条件实战

条件实战是指通过有条件限制的实战练习进行技术训练的方法。这种训练可以将学员所掌握的安防技术有效转化为安防技能，有针对性地提高学员的技术运用能力，是学员进行实战的基础。拳法实战、腿法实战、摔法实战、控制实战和组合技法实战是条件实战的集中技法。此外，还需注意实际场景的设置，力求贴近真实实战场景进行条件实战。

6. 实战

实战训练手段是进行安防搏击练习的常见手段，它不仅可以提高学员的安防技能还能够切实检验学员对某一技术的掌握熟练程度及其运用。实战练习有两种形式，一种是通过两个学员运用安防搏击技术进行攻防格斗以提高学员技术运用规范性、有效性和动作选择合理性；另一种是处于近似安防人员工作环境进行实战训练的形式，其目的是提高学员对技术的实际运用能力，更强调模拟真实执法环境。实战的训练手段难免会给学员造成损伤，教官应做好场控，提前准备好救治预案。在教学过程中，初级学员应当使用条件实战，中高级学员运用实战也需谨慎。

第二节　安防搏击体能的训练方法与手段

一、安防搏击体能的训练方法

良好的体能是安防人员执行任务、顺利完成任务的基础，因此体能训练是安防搏击训练的重要训练内容之一。学员需要依据体能构成要素的性质、特征选择合理的训练方法进行体能的训练。

（一）重复训练法

1. 重复训练法释义

重复进行同一练习，在两组练习中安排相对充分的休息时间的方法被称为重复训练法。在训练中，使用相对固定的手段、相对稳定的负荷量度进行多次刺激，可以使机体产生较高的适应性反应，实现提高学员身体素质的目的。

2. 重复训练法的基本类型及其特点

重复训练法根据一组练习所持续时间的长短可以分为短时重复训练法、中时重复训练法和长时重复训练法三种，三种方法的关键构成要素特点见表 4-1。

3. 应用重复训练法应注意的事项

(1) 保持预定的负荷量度

每次练习都应当保持在预定的负荷量度。负荷强度的确定以学员本人所能承受的最大负荷强度为界限;重复次数的确定以学员按照一定强度进行练习不会出现错误动作为条件。

(2) 保证练习中所使用的练习方式稳定

为了确保训练负荷产生的刺激能使学员机体产生明显的痕迹,训练过程中所采用的练习方式应当确保动作结构的稳定性,动作规格不能在练习中产生明显的变化。

(3) 保证两组练习之间有充分的间歇时间

由于重复训练负荷强度大,为保证练习的质量,需要在每组练习之间安排充分的休息时间,等待机体得到基本的恢复后再进行下一组练习。一般来说,间歇时间为练习时间的 2～3 倍以上,应使心率降至 100 次/分钟以下,甚至更低。

(4) 提高学员练习的积极性

由于反复进行同一个动作的练习,学员很容易在练习过程中感觉单调乏味,这很容易造成机体疲劳。因此,需要明确学员训练目的,在任务外调动学员练习的积极性。

表 4-1　重复训练法的基本类型及其特点

要素 / 类型	短时重复训练法	中时重复训练法	长时重复训练法
负荷时间	15 秒	少于 2 分钟	2 至 5 分钟
负荷强度	最大	次大	较大
间歇时间	充分	充分	充分
动作结构	基本稳定	基本稳定	基本稳定
间歇方式	走动、按摩	走、坐、按摩	走、坐、卧、按摩
供能形式	磷酸盐代谢系统供能为主	糖酵解供能为主的混合代谢供能	无氧有氧比例均衡的混合代谢供能
负荷性质	速度素质 爆发力素质	速度耐力 力量耐力	速度耐力 力量耐力

来源:胡亦海,1999

(二) 间歇训练法

1. 间歇训练法释义

间歇训练法是一种严格要求练习动作结构、运动负荷强度与间歇时间,让学员在机体不完全恢复的状态下进行反复练习的训练方法。通过间歇训练法能够有效增强学员的心肺功能;通过控制运动负荷,学员机体的主要机能将会产生与安防执法过程相适宜的变化;通过不同类型的间歇训练,学员的各项供给能力也会得到发展和提高。每次练习的时间或距离、每组练习重复的次数和组数、每次练习的负荷强度、每组练习的间歇时间、间歇时的休息方式是构成间歇训练方法的五种构成要素。

2. 间歇训练法的基本类型及其特点

间歇训练法的基本类型分为极强性间歇训练法、强化性间歇训练法和发展性间歇训练法三种。不同类型的方法的构成要素特征及功能也不尽相同。详见表4-2。

3. 应用间歇训练法应注意的事项

(1) 运动负荷安排要合理

在进行间歇训练法时,需要注意依据学员自身的身体素质、训练手段的难度、负荷作用部位、身体状况和训练所处阶段等要素确定所采取的训练负荷量与强度。一个精心组织的练习过程与合理搭配的训练手段能有效避免人为中断练习并适当调整间歇方式。

(2) 给学员一个适应过程

间歇训练法的刺激较大,因此在执行间歇训练法的过程中对于每个学员都要给予一定的适应时间。在训练过程中,应当注意对学员的监控与信息反馈,根据具体信息反馈来及时调整训练方案。

(3) 严格控制每组练习之间的间歇时间

间歇时间作为间歇训练法的主要构成要素的同时也作为影响训练效果的重要因素。合理的时间控制能影响训练的负荷强度、练习量及练习组数的安排,从而影响训练的质量。所以,需要根据学员机体状况、训练负荷量度、训练手段难度和学员机体的恢复情况控制间歇时间与间歇方式。

(4) 建立相应的医务监督系统

医务监督系统能够有效应对间歇训练法对学员机体产生的较大刺激、疲劳损伤。一个良好的医疗监督系统会对训练过程、训练后的恢复情况进行医务监督,并结合学员对训练的自身感受进行正确评价。

表4-2　间歇训练法的基本类型及其特点

要素＼类型	极强性间歇训练法	强化性间歇训练法		发展性间歇训练法
		A型	B型	
负荷时间	20～40秒	40～90秒	90～180秒	＞5分钟
负荷强度	最大	次大	次大	较大
心率指标	190次/分	180次/分	170次/分	160次左右/分
间歇时间	不充分	不充分	不充分	不充分
心率控制	120～140次/分	120～140次/分	120～140次/分	120次/分
动作结构	基本稳定	基本稳定	基本稳定	基本稳定
供能形式	糖酵解供能为主	糖酵解供能为主的混合代谢供能	糖酵解供能为主的混合代谢供能	无氧有氧比例均衡的混合代谢供能
负荷性质	速度耐力力量耐力	速度耐力力量耐力	速度耐力力量耐力	速度耐力力量耐力

来源:胡亦海,1999

（三）持续训练法

1. 持续训练法释义

持续训练法以低负荷强度、高负荷量为特征，是一种在练习过程中不中断练习的练习方法。该方法一次训练时间持续 5 分钟以上，甚者可达 90 分钟或者更长；在练习过程中，学员的平均心率可达每 130～170 次/分。该方法注重发展学员的耐力素质，有助于学员完善技巧性较强的摔法与控制技术动作。此外，学员的有氧代谢系统供能能力也能得到增强，并为无氧代谢供能能力发展奠定基础。

2. 持续训练法的基本类型及其特点

持续训练法根据单组训练所持续时间的长短、训练的基本目的分为短时重复训练法、中时重复训练法和长时重复训练法三种。每种类型的特点详见表 4-3。

表 4-3　持续训练法的基本类型及其特点

要素＼类型	短时重复训练法	中时重复训练法	长时重复训练法
负荷时间	5～10 分钟	10～30 分钟	＞30 分钟
心理控制	170 次左右/分	160 次左右/分	150 次左右/分
间歇时间	没有或较短	没有或较短	没有
动作结构	基本稳定	基本稳定	基本稳定
有氧强度	最大	最大	次大
供能形式	无氧、有氧代谢系统混合供能	有氧代谢供能为主	有氧代谢供能
负荷性质	速度耐力 力量耐力	速度耐力	一般耐力

来源：胡亦海，1999

3. 应用持续训练法应注意的事项

（1）合理安排持续训练法

不同的训练练习有着共同的目标：发展耐力。在安防搏击执法过程中注重迅速、强爆发力，力争一招制敌，其运动特征是无氧代谢供能为主的运动。所以，应根据学员所处学习阶段、教学目标及学员自身身体状况来适时适当地进行持续训练法。

（2）制定严密的实施方案

安防搏击对于技能要求非常高，属于技能主导型对抗运动。在学员学习的初级阶段，较少需要考虑到安防搏击技能结合问题，但对于中高级学员来说，体能训练需要与安防搏击技能相结合。训练的长时间、复杂性可能会出现人为终止练习的现象，组织起来难度比较大。为此，在训练前教官制定严密的实施方案计划以保证练习有序、长久、体技能的协同十分重要。

（3）处理好负荷强度与负荷量之间的关系

如何处理好负荷强度与负荷量之间的关系在运用持续训练法进行体能训练时至关重

要。持续训练法的目的是发展耐力,当一组练习持续时间较长时,其运动强度应当相对较低;反之,运动强度应当相对较高。在运用持续训练法时需要根据个人最大有氧代谢能力进行训练强度控制,优选出训练负荷强度与负荷量的最佳组合。

(4) 进行必要的营养补充

持续训练法训练持续时间较长,对人体的体能消耗较多,再加上流汗致使某些微量元素消耗,会延长学员机能恢复的时间。为了更好地进行下一次文化学习及训练,应当在训练前、训练中、训练后都及时进行营养补充。

(四) 变换训练法

1. 变换训练法释义

变换训练法是指变化运动负荷、练习内容、练习形式,以提高学员趣味性、积极性、适用性和应变能力的训练方法。其显著特征是综合考虑安防人员在抓捕任务时的复杂性、激烈性、对抗性和自身体能需要的多样性。为了满足中高级阶段学员训练的需要,提高其训练的实效性,变换训练法比较适用。变换训练法通过转变训练负荷、练习内容、训练形式等方式尽可能模拟真实的执法环境,建立起学员体能与技能的有效协同。

2. 变换训练法的基本类型及其特点

变换训练法根据变化内容的性质分为变换负荷训练法、变换练习内容训练法和变换练习形式训练法三种,每种方法的主要构成要素特征详见表4-4。

表4-4 变换训练法的基本类型及其特点

要素 \ 类型	变换负荷训练法	变换练习内容训练法	变换练习形式训练法
负荷时间	不确定	不确定	不确定
负荷强度	变化最大	可变或不变	可变或不变
动作结构	相对固定	相对变异	固定或变异
动作节奏	节奏明显	节奏无规律	节奏规律
供能形式	可在多种代谢形式供能之间变换	主要以一种代谢形式供能为主	主要以一种代谢形式供能为主
训练内容	机能、素质、技术训练	技术、战术训练	集体、个人战术训练
人员配合	较少	一般	较多

来源:胡亦海,1999

3. 变换训练法的应用

(1) 变换负荷训练法的应用

在针对学员体能进行训练的同时,变换负荷训练法也能运用到提升学员技术、战术及体能与技能协同的训练中去。在训练时可以根据安防工作的特点,综合重复、间歇、持续训练法,通过变化练习次数、练习时间、练习强度、练习质量、间歇时间、间歇方法、练习组数等形式,促使学员身体素质提高、能量代谢系统发展,以提高安防搏击能力。

（2）变换练习内容训练法的应用

安防搏击工作的形式多变性及执法过程运用技术的多样性要求在安防搏击训练过程中需要不断变换练习内容进行体能技能训练。通过布置不同的执法环境、安排不同的执法对象及对抗方式，促使学员练习各种拳法、腿法、摔法、控制技术、防守技术以及各种组合技术。通过变换练习内容进行安防搏击体能训练，能够有效提高安防工作人员的临场应变能力。

（3）变换练习形式训练法的应用

通过变换方位、设备、线路、场地等形式的要素，变化训练法能使同一训练任务在不同训练形式下高质量完成。在安防搏击实际训练中，采用变化训练法时应当综合考虑技能、战术能力来变化所需的练习形式，能够较好地满足实战需求，遵循一切从实际出发的基本原则。

4. 应用变换训练法应注意的事项

（1）变化根据训练目的、训练阶段合理搭配。
（2）训练方案需要具备明确具体的"变化"。
（3）坚持一切从实际出发的原则，协同培养体、技、战术能力。
（4）针对高级阶段的学员进行体能训练时可以采用变化训练法。

（五）循环训练法

1. 循环训练法释义

根据某一项具体训练任务，建立若干个练习站点后，学员依据既定顺序及路线周而复始地完成每个站点的练习任务，这种周而复始、循环往复进行训练的方法被称为循环训练法。在运动过程中，人体所需要参与部位的多元性、运动能力的多样性、负荷性质的多重性、运动方式的多变性、运动技术的多种性等特征是循环训练法的众多依据。循环训练法的优点在于能有效调动训练中学员的兴趣及积极性，负荷的累计刺激、变换部位的刺激能够有效避免单一练习所产生的过度疲劳，从而使身体运动能力得到全面的发展。每站的练习内容、每站的运动负荷、练习站的安排顺序、每站之间的间歇时间、两组循环之间的间歇时间、练习站的个数和循环组数是循环训练法的基本构成要素。

2. 循环训练法的基本类型及其特点

根据每站点之间、两组循环之间的间歇时间，循环训练法的三种基本类型为重复性循环训练法、间歇性循环训练法及持续性循环训练法，每种类型的特点及构成要素详见表4-5。

表4-5　循环训练法的基本类型及其特点

要素＼类型	重复性循环训练法	间歇性循环训练法	持续性循环训练法
循环过程	间歇充分	间歇不充分	基本无间歇
负荷强度	最大	次大	较小
动作结构	相对固定	固定或变异	固定或变异
负荷性质	速度、爆发力	速度耐力、力量耐力	耐力
动作节奏	规律	无规律	规律或无规律
供能形式	ATP-CP代谢系统供能为主	以乳酸能代谢系统供能为主	有氧代谢系统供能为主

来源：胡亦海，1999

循环训练法的组织形式分为两类,第一类是学员在建立若干练习站点之后依据一定的顺序一站接一站地周而复始进行单个练习,这一类被称为流水式循环训练法;第二类是在建立若干练习站点之后将学员及练习站点划分成相等组数的若干练习组,每组学员在分配的对应站点进行训练,并在规定时间内依次轮换练习。第一类的优点在于有效全面发展学员的运动技能,同时刺激学员机体各个部位及内脏器官;第二类的优势在于集中发展学员某一个运动技能及机体部位,更加深刻地刺激身体局部。

3. 应用循环训练法应注意的事项

(1)站(点)安排的训练手段是学员熟悉的

学员应用训练法进行训练时使用的训练手段,是实现训练目的的关键要素之一。因为循环训练法要求各站点之间是有序且固定的衔接,所以训练手段必须是学员基本掌握或所熟悉的,以确保训练过程训练有序地开展。

(2)练习顺序安排要合理

合理安排练习顺序是在采用循环训练法进行训练时完成训练任务、实现训练目标的重要保障。在安排练习顺序时应当结合安防搏击的特征、练习内容作用于器官或系统、练习内容对器官或系统的刺激深度及人体代谢能力的基本规律。一般情况下,采用上肢与下肢搭配、前部与后部搭配、负荷与恢复搭配、强度与量搭配的基本搭配原则。

(3)训练负荷安排要适宜

安排适宜的训练负荷不管对于哪种方法训练都是关键。控制训练负荷时,应当从每个站点的训练负荷、每个站点间与每组循环的间歇时间及方式、练习的数量及循环组数三个方面进行有效控制。

(4)根据训练目的选择合理的循环类型和组织形式。

(六)比赛训练法

1. 比赛训练法释义

在近似、模拟或真实严格的比赛条件下,依据比赛规则和方式,旨在提高训练质量的方法被称为比赛训练法。比赛训练法的运用能够激起学员的练习情绪、增加训练强度及训练质量并兼顾培养学员的拼搏精神。比赛规则、比赛环境、比赛对手、比赛方式、比赛负荷、比赛间歇时间与方式等是比赛训练法的基本构成要素。比赛训练法在发展学员体能和身体机能某一方面的同时也可以训练学员实战中所需的体能和机能。

2. 比赛训练法的基本类型及其特点

比赛训练法的基本类型分为教学性比赛训练法、检查性比赛训练法和模拟性比赛训练法。这三种训练法的特点详见表4-6。

表4-6　比赛训练法的基本类型及其特点

要素＼类型	教学性比赛训练法	检查性比赛训练法	模拟性比赛训练法
比赛规则	正式或自定规则	正式或自定规则	正式规则
比赛环境	相对封闭	相对封闭或开放	封闭或开放

（续表）

要素 ＼ 类型	教学性比赛训练法	检查性比赛训练法	模拟性比赛训练法
比赛过程	可人为中断	不可中断	不可中断
比赛对手	队友	队友	队友
比赛裁判	临时指定	临时指定	临时指定
比赛心理	压力小	压力大	压力小

来源:胡亦海,1999 改

3. 应用比赛训练法应注意的事项

（1）有选择地挑选比赛对手

选择合理的比赛对手有助于学员激发自己的斗志,提高安防搏击训练的实效性,因此选择比赛对手时应当考虑到训练目的及学员的体能状况。

（2）制定严密的比赛方案

在运用比赛训练法时,事前做好比赛方案至关重要。一个明确的比赛目的、方式及规则、周密的负荷控制方法、完善的运动损伤预防和救治预案应当提前考虑。在训练结束后也需要对比赛中学员的表现进行总结,发现其优点及不足,并提供相应的改进策略。

（3）学员必须遵守比赛规则

一个比赛离不开比赛规则的约束,恪守比赛规则将确保训练有效开展。遵守比赛规则能够有效训练学员实战中体能与技能、体能与战术能力、体能与技能、战术能力之间的协同能力。

二、安防搏击体能的训练手段

（一）力量素质的常用训练手段及其注意事项

1. 最大力量的常用训练手段

（1）杠铃屈臂:本练习以发展肱二头肌力量为主。左右开立两脚,两手反握杠铃提至腹前,以肘关节为轴做两臂屈伸动作。

（2）卧推杠铃:本练习以发展胸大肌为主,肱三头肌为辅。仰卧于长凳上,双手正握杠铃,宽度与肩同宽或稍宽,屈肘至上臂与前臂成90°即向上推起至肘关节伸直。

（3）负重深蹲:本练习以发展下肢肌肉和臀大肌肌肉力量为主。肩负杠铃,屈膝向下做深蹲起,注意控制重心,蹲下时膝盖不宜超过脚尖,蹲起时做快速提踵动作。

（4）高翻杠铃:本练习以发展腹背肌力量为主。半蹲正握杠铃,提至胸前,翻转腕关节成胸前握,然后放下。

（5）负重俯卧体后屈:本练习以发展背肌力量为主。俯卧,两脚固定,两手持杠铃片于头后,做身体抬起动作。

（6）负重收腹:本练习以发展腹肌力量为主。仰卧,两脚固定,两手持杠铃片于头后,做收腹动作。

（7）发展全身性最大力量常用的手段：抓举杠铃、挺举杠铃。

2．速度力量的常用训练手段

（1）卧推杠铃：负荷强度110%～150%，在同伴助力下快速推起，在同样保护下慢放下。

（2）负重弹跳：负重沙袋或者杠铃，结合各种步法做连续弹跳。

（3）持轻物拳法练习：手握轻哑铃或者小杠铃片，从实战姿势开始，快速做各种拳法练习。该练习应和徒手拳法练习交替进行。

（4）握拉橡皮筋冲拳：单手或双手握拉橡皮筋，橡皮筋另一端固定，在实战姿势基础上进行冲拳练习。

（5）负重做腿法练习：一般采用小腿绑沙绑腿或者在脚踝处系皮筋（皮筋一段固定）的方法，做侧踹、鞭腿、蹬腿等腿法练习。

3．力量耐力的常用训练手段

（1）俯卧撑：身体俯卧，两手握拳、成掌或十指撑地，两臂屈臂支撑，然后用力伸直，循环往复进行练习。

（2）推小车：直臂俯撑，身体挺直，由同伴抓住其脚踝提起，练习者用双手着地做快速爬行的练习。

（3）攀爬绳索练习：练习者以双手抓握绳索，两手快速交替向上抓握攀爬绳索。

（4）俯卧两头起：俯卧于垫子上，两臂前伸，两腿并拢伸直，两臂两腿同时快速向上抬起成背弓，然后快速还原，如此循环往复练习。

（5）悬垂举腿：背靠肋木，双手反握横木，身体成自然下垂，以腹肌发力将双腿向上举至水平，膝关节伸直，躯干、屁股不能离开横木；缓慢放下直膝的双腿，然后再快速做收腹举腿动作。如此循环往复进行练习。

（6）单杠引体向上：双手正握单杠，双手之间距离比肩宽略宽，做引体向上时下巴要超过单杠，拉至乳头，下放应伸直手臂。练习过程中身体尽量不要摆动或蹬腿，为增加负荷强度可以脚上系重物进行练习。

4．力量素质训练应注意的事项

（1）依据所需发展的肌肉部位、力量性质，对于练习负荷强度和负荷量进行合理安排。

（2）为处理好不同肌群间的力量发展，应当根据安防搏击技术的乏力特征来发展学员的力量素质。

（3）在进行力量训练时应当遵循循序渐进原则，对于初级学者采取较小负荷的练习方法，在力量发展之后再逐渐增加负荷强度。

（4）力量训练法应当与安防搏击技术有效结合，将力量训练的效果最大限度运用到专项技术中。

（5）注意到力量训练中的负荷刺激及放松问题，在力量训练之后注重肌肉拉伸练习，并交替进行，肌肉的拉伸与放松也应当注意。

（二）速度素质的常用训练手段及其注意事项

1．反应速度的常用训练手段

（1）原地喂靶：第一，学员根据陪练选择的靶位和靶面迅速做出事前规定好的击打动作;第二,根据陪练不规律出靶,学员快速准确选择正确技法完成击打动作。

(2)打移动靶:陪练会根据学员进攻情况作出相应的反击动作,学员则需快速完成防守反击动作。

(3)揉摔练习:首先学员与陪练人员相互抱住缠住,陪练与此同时控制力度,先使用轻快的摔法,学员迅速做出防摔或者反摔动作。陪练与学员也可以进行真实的摔法练习。

2.动作速度的常用训练手段

(1)关键环节的分解练习:关键环节的分解练习是将某个结束动作的关键分解出来做出强大的重复训练。例如,针对侧踹腿击打速度的提高,可以将提膝摆髋这一关键环节分解出来,反复高强度、快速地做提膝摆髋动作。

(2)减阻练习:在进行动作速度训练之前,先对练习的技术进行1~2组具有阻力的爆发性练习,后续再去掉阻力对该技术进行练习。例如,拳法及脚法在负重情况下进行爆发性练习后再进行无阻力的练习会轻松很多。

(3)高频刺激辅助练习:教官通过高频声音或光束刺激或者暗示学员,学员需要在这种刺激和暗示下快速完成动作。

(4)条件实战练法:陪练人员作为主动进攻方,而学员作为放手反击方对于陪练人员动作做出快速反应的反击动作。

3.位移速度的常用训练手段

(1)通过高频率的步法进行移动练习:快速进行各种滑步练习、短距离冲刺、高频率高抬腿练习和快速跳绳等。

(2)腿部爆发力练习:后蹬跑、单足跳、蛙跳、纵跳和单个台阶跑。

4.速度素质训练应注意的事项

(1)根据警察抓捕执法过程中的速度特征来进行训练。反应速度以视觉及听觉为主,动作速度需要结合各种技术动作练习;唯一速度则以奔跑速度为主,步法移动速度为辅。

(2)在学员情绪饱满、兴致高、不疲劳的情况下进行动作速度及位移速度的训练;而反应速度的训练可以在任何情况下开展。

(3)极限强度与次极限强度是速度素质训练的主要负荷强度,所持续的时间以不降低每次练习的速度为准,组间需要注意充分休息。

(4)在进行动作速度及位移速度的训练时,应当注意高肌肉放松及协调和紧张之间的关系。

(三)耐力素质的常用训练手段及其注意事项

1.一般耐力素质的常用训练手段

(1)长时间单一练习:各种长距离跑、不同时间的定时跑;长时间跳绳;克服自身体重或小负重练习;长时间的拳法、腿法、摔法或组合技术的练习。

(2)长时间交换练习:抓反、球击等游戏;变速跑、地形跑等;采用循环练习法进行的体能练习;安防搏击技术的交替练习。

2.专项耐力素质的常用训练手段

(1)拳、腿、摔和组合技术等的空击练习或打沙袋练习:发展速度耐力的要求是快速、连续不断地练习,一般来说持续时间在 2~3 分钟之间,组间休息 1 分钟左右,重复 5~8 组。

(2)打靶练习:打靶应结合步法进行前进、后退、不规则移动中的进攻和防守反击练习。

(3)垫上摔法角斗:要求两人先互相缠抱住,再根据教官限制的条件在垫上进行摔法缠斗。一般来说持续时间在 2~3 分钟之间,组间休息 2 分钟左右,重复 4~6 组。

(4)坐庄练习:将学员分为练习组和陪练组两组,在体力充沛的情况下,陪练组的学员轮流上场与练习组的学员进行实战或条件实战。连续 3~5 局,每局 2~3 分钟,局间休息 1 分钟。

3. 耐力素质训练应注意的事项

(1)耐力素质训练的基础是氧耐力训练,辅之以无氧与有氧混合耐力训练。

(2)训练的时候应当注重培养学员的呼吸方式及相互节奏,以口鼻混合呼吸方式有节奏地进行呼吸。

(3)注意培养学员的意志品质。

(四)灵敏素质的常用训练手段及其注意事项

1. 灵敏素质的常用训练手段

(1)单人练习:立卧撑转体跳、立卧撑前拍脚、十字变向跑、背转身高抬腿接加速跑、三角形绕赶跑。

(2)假想练习:在移动过程中,学员想象对手进攻,然后快速做出闪躲、防守动作或闪躲、防守接反击动作。

(3)各种以灵敏素质为发展目标的游戏:抓反、贴膏药、打小鸟等。

2. 灵敏素质训练应注意的事项

(1)灵敏素质训练应安排在学员体力充沛、精神饱满的情况下进行。例如,在开始阶段,应当进行灵敏素质训练。

(2)灵敏素质训练应当与安防搏击训练专项结合,并将灵敏素质有效转换到实际执法行动中。

(五)柔韧素质的常用训练手段及其注意事项

1. 柔韧素质的常用训练手段

(1)静力性主动拉伸:压肩、压腿、劈叉、腰下桥、体前屈、跪地体后屈等动作。

(2)静力性被动拉伸:在陪练或同伴的助力下压肩、压腿、搬腿、劈叉、体前屈和俯卧体后屈等。

(3)动力性主动拉伸:甩肩、肩部绕环、各种踢腿、甩腰、涮腰等。

2. 柔韧素质训练应注意的事项

(1)全面发展学员的柔韧素质,坚持适度原则。过度的拉伸会产生如下的后果:一是容易受伤;二是影响关节稳定性;三是影响肌肉质量。

(2)应经常进行柔韧素质,在每次训练课的开始部分均可安排柔韧训练,练习之前应先做一些热身,让肌肉充分预热。当学员处于疲劳情况下不应当进行柔韧素质练习。

（3）柔韧素质练习应与力量练习相结合进行，训练将促进两者的协调发展，提高学员肌肉的质量。

（4）柔韧素质练习应循序渐进，不应进行爆发性用力拉伸，拉伸部位时有疼感属于正常现象，若是出现麻木现象应立即停止拉伸训练。

（六）身体抗击打能力的常用训练手段及其注意事项

1. 身体抗击打能力的常用训练手段

（1）自我拍打练习：通过借用工具对自身手臂、躯干、下肢进行拍打，或者利用摆动的沙袋撞击身体。

（2）互相拍打：学员两人一组利用工具或拳脚互相拍打。

（3）跌扑滚翻：前倒、后倒、侧倒、前滚翻、后滚翻和后倒屈伸起等。

2. 身体抗击打能力训练应注意的事项

（1）抗击打能力训练应循序渐进，切忌冒进、逞能。

（2）抗击打能力既可以进行单独进行训练（较适合初级学员），也可在对抗中发展（较适合高级阶段的学员）。

第五章 安防搏击训练计划制定的理论与方法

第一节 安防搏击训练计划概述

本节对于安防搏击训练计划的基础理论知识进行全面且概括性的介绍,对于训练计划的制定具有极强的指导意义。本节内容主要包括制定训练计划的意义与作用、制定训练计划的依据、训练计划的基本类型、训练计划的基本内容构成和制定训练计划的基本要求五个部分。

一、制定训练计划的意义与作用

(一)明确了训练目标。一个明确的训练目标是整个训练过程的引导线。在制定训练计划的时候首先需要明确这次训练的具体目标,之后依据训练目标设计其余训练构成。在训练实践过程中,一个明确的训练目标代表着训练今后努力的方向。

(二)有助于统一教官、学员的认识和行动。制定一个训练计划,能使教官从意识形态层面对学员的训练过程进行全局规划,而对于学员来说能够对其训练产生初步认识和准备。

(三)作为对训练过程的整体规划,训练计划明确了参与人员、训练构成要素之间的关系,促使训练过程中参与人员之间能够有效沟通、训练之间的衔接更加紧凑,有利于产生更大的效益。

(四)详尽的训练计划是教官执行训练和训练过程监控与校正的依据,是训练过程更加科学高效的保障。

(五)制定训练计划是对时间进行总结的一个过程,它对于安防搏击训练理论与实践的发展起到了促进作用。制定训练计划时,教官会根据之前的训练进行总结梳理,发现一些不合理、不可行、不科学的计划内容,将新的训练计划建立在新的认识基础上。在一个从理论到实践、再从实践到理论的周而复始过程中教官形成了对安防搏击训练更深刻的认识,最后促进安防搏击训练理论与实践的发展。

二、制定训练计划的依据

训练计划是在训练开始前,在教官主导下、学员参与下完成安防搏击技能训练的整体规划。科学的依据是确保训练计划制定可行性、科学性及有效性的重要支撑。

（一）以学员稳定的现实状态和培养（训练）目标为依据

可以从学员完成训练计划安排的训练任务情况来评价训练计划的制定是否科学合理。要是脱离实际即学员的现实状态来布置训练任务，会出现事倍功半的效果。此外，训练目标也同样是训练计划制定的重要依据之一，它能够保证训练计划的有效性。

（二）以学员培养计划中的安防搏击培养时限为依据

训练时间也是训练计划的一个组成部分，它是负荷积累效应形成的基本条件。为此，训练周期、训练课时及负荷时间等是根据不同专业和实际工作需求制定计划的依据。

（三）以训练的客观规律、人的认知规律和技能形成的规律为依据

制定训练计划需要符合训练的客观规律，遵循人的认知规律，运动技能的形成规律能够确保训练计划的可行性及时效性。

（四）以现实条件为依据

在制定训练计划时，需要考虑教官能力、教辅人员的水平、场地器材和学员的营养补给等现实条件。只有这样才能使所制定的训练计划最大程度地发挥其价值及功能。

三、训练计划的基本类型

安防搏击训练计划依据训练计划跨度的时间长短和训练计划的周期可以分为多年训练计划、年度训练计划、周训练计划和课训练计划等。

（一）多年训练计划

多年训练计划是指教官依据培养目标针对学员进行两年以上的安防搏击训练规划，以组织具有目的性、系统性的训练，提高学员的安防搏击能力、培养安防搏击人才的训练计划。一般来说，多年训练计划都是指导性、框架性的远景计划，它具有相对的稳定性，同时时间跨度也在两年及以上。

（二）年度训练计划

年度训练计划是在对上一年度训练计划的总结或多年训练计划年度安排的基础上对于未来一个年度训练做出的科学规划。它将明确规定训练目标、训练任务、训练内容、训练负荷变化及其节奏变化。因为年度训练计划的时间跨度能够使得学员的技能发展发挥质的变化，足以解决训练中所遇到的实际问题，所以年度训练法在安防搏击技能训练中有着极为重要的地位，其持续时间一般为一年。

（三）周训练计划

周训练计划是以一个教学周为时间跨度的训练规划。它的训练过程以日为单位，目的性更明确，构成要素更详尽。周训练计划一般适用于学习新技术和新战术。

（四）课训练计划

课训练计划是对一次训练课的训练过程进行的规划。课训练计划以完成课业的训练任务为目的，明确规定训练内容、训练手段、训练负荷、组织教法和基本要求方面。课训练计划具有较强的科学性与实效性，是安防搏击训练中最常用和最重要的训练计划。

四、训练计划的基本内容构成

训练计划有多种类别，构成内容却大致相同，仅在内容细化程度、量化程度和定位性质方面存在着些许差异。总结起来包括以下九方面的内容。

（一）训练计划适用的对象界定

因为存在着人体的个人差异及年级差异或学员培养计划时间维度上的差异，所以明确指出训练计划的使用对象是科学规划训练的必然要求。

（二）学员的现实状态诊断方案和训练过程的监控与评价方案

只有了解学员的现实状态才能制定出科学性和适应性的训练计划。有计划地监控和评价训练是保证训练效果向目标发展的重要保证。为了保证评价的科学性，检查方式、检查工具及评价标准应当尽可能统一。

（三）划分训练阶段及明确阶段训练任务

不同的训练阶段对于训练计划的要求不同，因此训练阶段也是计划的一个重要构成部分，一般以学员的现实状态及培养计划规定分阶段训练的标准。

（四）不同训练阶段的目标要素

明确的训练目标是教官和学员的努力方向。训练目标划分为成绩目标、能力目标、负荷目标和教官的训练水平目标等。

（五）训练过程中教学比赛或比赛的安排序列

比赛既可以用来检查训练成果又可以作为训练的手段，序列的安排可以强化学员目标意识、刺激学员训练的积极性。安防搏击训练的最终目的在于在实际任务执行过程中发挥有效作用，因此教学比赛这种更为贴近实战的训练是安防搏击训练计划中必须包含的内容。

（六）训练内容和训练方法与手段

合理选择训练方法和运用适宜的训练手段是实现训练目标的重要支撑。为此，训练计划的构成要素即训练内容、训练方法与手段也需要重视，尤其是在阶段训练计划、周训练计划和课训练计划中。

（七）训练负荷变化趋势和训练负荷量度

训练负荷中的体能发展、技能形成都是学员在身体上良性积累的结果，因此，训练负荷也是训练计划的构成要素之一。在训练计划的制定中应当充分考虑训练负荷的变化趋势和训练负荷量度。

（八）训练过程的恢复措施和义务监督措施

在安防搏击训练过程中进行恢复措施和营养的补给十分重要。由于在训练过程中可能会采取格斗对抗、教学比赛或比赛的手段，这种手段可能会带来运动的损伤，为此，制定训练计划时应当考虑到训练过程的恢复措施和义务监督措施。

（九）训练计划的补充说明

补充说明是在训练计划其他内容无法被包含或突然出现情况时所需要采用的一种表述方式。

五、制定训练计划的基本要求

（一）按照训练计划构成要素之间的逻辑关系制定训练计划

在建立训练控制模型阶段应依次完成划分训练阶段及时间、确定不同训练阶段的任务和主要训练内容、安排检查性比赛的时间与预期目标、确定各训练过程的负荷变化节奏、选择适宜的训练方法与手段、制定训练过程中监控与评价方案、确定恢复与医务监督措施；在整体调控与形成阶段应依次完成通过集体讨论对训练计划的科学性做出评价、对训练计划进行调整、形成训练计划。

在制定训练计划时应当理顺各构成要素之间的逻辑关系，并按照这种逻辑顺序制定训练计划的不同部分。第一是目标决策阶段，在目标决策阶段应当一次完成获取学员现实状态及其他相关信息、分析处理获取的信息、预测训练目标、形成训练目标；第二是建立控制模型阶段，在这个阶段应当依次完成划分训练阶段及时间、确定不同训练阶段的任务和主要训练内容、安排检查性比赛的时间与预期目标、确定各训练过程的负荷变化节奏、选择适宜的训练方法与手段、制定训练过程中监控与评价方案、确定恢复与医务监督措施；第三是整体调控与形成阶段，在这个阶段应当依次完成通过集体讨论对训练计划的科学性做出评价、对训练计划进行调整、形成训练计划。

（二）明确和掌握制定训练计划的各种科学依据

科学的依据决定着训练计划的制定是否具有科学性、有效性及合理性。应当根据学员的培养目标与安防搏击的训练目标、学员的个人特点和现实状态、运动技能形成与周期性发展规律、训练适应的产生与变化规律、人体承受负荷和负荷后的恢复规律、各种训练方法与手段的效应规律和安防搏击的特殊规律等科学依据制定安防搏击训练计划。

(三) 提高训练计划的科学性、合理性和有效性

兼备科学性、合理性及有效性的训练计划才是一个良好的训练计划,为了达到这个标准,必须发挥训练系统中每个参与人员的智慧,在尊重客观规律的基础上充分准备工作、开放思想、保持先进的理念,处理好训练计划整体与部分、动态与稳定之间的关系。

第二节　多年训练计划

时间跨度在两年及以上的训练过程的规划被称为安防搏击多年训练计划。安防搏击多年训练计划满足了学员形成安防搏击能力和培养人才目标的需要,满足了安防人员保持执业能力应对形势的需要。在制定多年训练计划时,制定者应当用发展的眼光及战略性眼光去规划,争取做到从全局出发制定训练计划。

一、制定多年训练计划的必要性

1. 学员安防搏击能力形成的需要

在不同的时间维度上,学员的安防搏击能力构成要素有不同的要求,训练时间保证着量的科学积累从而达到能力质的变化。学员的身体素质和专业技能对于安防搏击来说要求十分重要。根据人的认知规律、身体承受负荷能力、运动技能形成与周期性发展规律、训练适应的产生与变化规律,学员要是想掌握一定的安防搏击技术和一定的安防搏击能力必须经过多年系统训练才能完成。

2. 学员总体培养规划的要求

安防搏击学员的培养具有系统性,学员不仅要接受搏击训练的学习还需要接受其他学科知识的学习,因此学员的培养需要一个总体的规划。在制定安防搏击训练计划时,需要根据一个多年训练计划来完成学员的训练。

3. 安防搏击训练内容安排的要求

安防搏击训练内容包括体能、技能、战术能力、心理能力和运动智能,每一项能力也是由很多要素构成,其训练内容十分全面。提高这些能力或素质需要依托多样化的手段及协同训练。而多样性和复杂性兼备的训练内容要求学员有一定的训练时间,多年的系统训练掌握并灵活运用是安防搏击技术的必要条件。

二、区间性多年训练计划

多年训练计划从运动训练学角度来说可以分为全程性与区间性,从安防搏击训练的特殊性和实际角度出发,区间性多年训练计划更具有操作性与实用性,它是对多年训练过程的不同时间段训练过程的规划,目的是为了有效分解学员总的训练目标、总的训练任务、总的训练内容和总的训练负荷变化趋势等。

基础训练阶段、专项训练阶段、专项能力形成阶段和专项能力保持阶段是安防搏击区间性多年训练计划的四个阶段。

(一) 基础训练阶段

1. 训练任务与训练目标

在基础训练阶段不仅需要提高学员的身体素质,还要发展学员的一般运动能力、心理能力,因此需要进行诸如散打、摔跤运动为主格斗项目的基本功练习。

2. 训练内容

(1) 身体素质方面:主要是学员力量、速度、耐力、柔韧性、灵敏度和协调性等素质的发展。

(2) 心理品质与心理能力方面:主要是意志品质、自信心、集体主义精神和不服输的精神等;心理能力包括距离感、用力感和空间感的培养。

(3) 基本功练习方面:包括手型与手法、步型与步法、跑跳与平衡、肩臂功、腰功、腿功和跌扑滚翻等功法。

3. 运动负荷控制

对于运动负荷的控制,首先,负荷量应当以中小为主,循序渐进增加;其次,负荷强度不宜太大,循序渐进增加;最后需要注意负荷量与强度之间的搭配。

4. 时间跨度

3 到 5 个月。

(二) 专项训练阶段

1. 训练任务与训练目标

在体能方面,本阶段以安防搏击专项体能的发展为主、一般体能的发展为辅,着重发展学员的爆发力、速度耐力和力量耐力;在技术方面,要求学员进行安防搏击各类技术项目的训练从而熟练掌握规定的基本技术动作;在心理品质与能力方面,着重发展安防搏击过程中所需要的各种心理品质;在整体方面,应当注重协同训练学员的体能、技能及心理。

2. 训练内容

(1) 身体能力方面:以身体素质的专项体能为主,辅之以体能训练,着重训练学员的爆发力、速度耐力、力量耐力和最大力量等;同时注意对学员的抗击打能力的训练。

(2) 心理品质与心理能力方面:以安全防卫人员、格斗类项目运动员所需的专项心理品质训练为主;继续强化学员的距离感、用力感和空间感等心理能力。

(3) 专项技术方面:训练拳法、腿法、摔法、肘膝法、控制技术和防守技术等。

(4) 战术能力方面:进行强攻战术、迂回战术和各种环境或情境下的警察执法的协同战术等。

(5) 理论知识方面:对安防搏击训练理论的基本内容进行学习。

3. 运动负荷控制

针对负荷量的控制,应当遵循由中到大原则,在技术学习阶段以中等负荷量为主,动作完成的规格较高；在技术提升阶段，训练的运动量需要大，动作完成的质量也比较高。针对负荷强度的控制，应当遵循中大为主、循序渐进的原则，逐渐增加到最大/极限强度。在整个区间训练时，对于量与强度的变化应当采用渐进式/波浪式的增加方式。

4. 时间跨度

6 到 8 个月。

(三) 专项能力形成阶段

1. 训练任务与训练目标

在本阶段，任务的重点在于发展学员安防搏击专项能力，目的在于使学员熟练运用所学习的安防搏击基本技术进行实战。服务安防搏击技能和战术是体能发展的目标，要求在熟练掌握技术的基础上进行技术运用能力训练。而从实战出发的原则要求需要学员在不同情境下进行能力训练。

2. 训练内容

(1) 身体能力方面：以身体素质专项体能为主，辅之以体能训练，同时注意训练学员的爆发力、速度耐力、力量耐力和最大力量等；注重对学员的抗击打能力的训练。

(2) 心理品质与心理能力方面：主要训练安全防卫人员、格斗类项目运动员所需的专项心理品质；随后加强学员的距离感、用力感和空间感等心理能力。

(3) 专项技术方面：注重培养学员实战中对各种技术的应用能力，以形成个人特长技术，并结合战术进行训练。

(4) 战术能力方面：进行强攻战术、迂回战术和各种环境或情境下的警察执法的协同战术等。

(5) 理论知识方面：包括安防搏击训练理论、战术理论等。

3. 运动负荷控制

对于运动负荷量的控制，遵循由中到大的原则，而负荷方式多以打靶、条件实战或实战为主；而负荷强度也同样遵循由中到大与循序渐进的原则，直至最大或极限强度；应当注重搭配量与强度，方式为中等负荷量搭配大强度、小负荷量搭配极限强度及大负荷量搭配大强度。在整个区间训练时，训练量与强度应当均保持在较高水平。

4. 时间跨度

16 到 24 个月。

(四) 专项能力保持阶段

1. 训练任务与训练目标

本阶段主要训练任务是保持学员所获得的安防搏击能力。体能应以安防搏击专项所需体能为主，一般体能为辅；以技术的实战中的运用能力训练为主；从实战出发，注重对不同战术背景下的安防搏击能力进行训练。

这个阶段的训练任务是对学员所获得的安防搏击能力保持。对于体能的训练应当以安防搏击专项所需要的体能为主，辅之以一般体能；训练需要以实战中运用技术的能力为主；

2. 训练内容

（1）身体能力方面：以身体素质专项体能为主，辅之以体能训练，训练的时候注重爆发力、速度耐力、力量耐力和最大力量等素质的练习；注重训练抗击打能力。

（2）心理品质与心理能力方面：主要训练安全防卫人员、格斗类项目运动员所需的专项心理品质。

（3）专项技术方面：通过条件实战、实战、案例分析和经验总结等提高或保持实战中对各种技术的应用能力；着重发展个人特长技术。

（4）战术能力方面：在各种战术背景下的安防搏击技术应用能力。

（5）理论知识方面：主要包括科学化训练理论、安防搏击训练理论、战术训练理论和医务监督与营养方面理论等内容。

3. 运动负荷控制

负荷量与强度均遵循中为主、大为辅的原则，需要谨慎使用极限强度；训练方式、训练手段类型需要搭配负荷量与强度；同时可以选择集训、个人训练和两种方式相结合的方式进行训练。

4. 时间跨度

24 个月以上。

第三节　年度训练计划

以一年为周期制定的训练计划被称为年度训练计划，它将作为教官全年训练学员的工作依据。年度训练计划的制定依据多年训练计划的年度安排，其保证了学员在多年训练中的系统性及有序性，克服了训练中的随意性及盲目性。此外，年度训练计划因人而异、因时而异，具有较强的针对性。

一、年度训练计划的内容

（一）年度训练计划的名称

训练计划的名称也是训练计划的题目，主要有使用单位、学员性别、项目名称、学员年级、训练计划使用时限等。

（二）年度训练的目标和任务

训练目标是训练计划设计和规划的依据，设置预定目标是训练计划其他构成要素设置合理性及有效性的保障。所以，一个年度训练的目标是制定年度训练计划的首要任务，其次应当对训练目标进行分割，将其转化为若干独立且具有联系的具体训练任务。

（三）学员现实状态的诊断

根据学员现实状态的诊断，教官能够基本了解学员的基本情况，以便修正训练目标和任务、涉及不同类型的训练计划中的负荷量度,从而保证训练计划的针对性及实效性。学员现实状态的诊断分为身体健康状况(家族病史、近三年手术情况、心血管和呼吸系统疾病等)、一般身体素质、运动经历和运动习惯等。

(四)全年训练计划的周期或阶段划分

全年训练计划的周期/阶段划分的依据是学员的总体培养目标、学校的学时安排以及运动技能、体能的形成规律等。与此同时,它也是将训练目标转化为训练任务的需要。一个安排合理恰当的训练周期/阶段有助于教官安排训练任务并有效控制训练过程,从而实现预期目标。全年训练计划通常情况下被划分为两个周期/阶段,每个周期/阶段的时限均为一个教学学期。

(五)年度训练的主要内容

年度训练计划的训练内容会被安排在不同的周期/阶段,一般身体素质、专项身体素质、基本功、安防搏击技术、安防搏击战术、心理能力训练内容以及安防搏击理论和辅助学科理论知识等是其训练内容。

(六)运动负荷及其变化节奏

安防搏击能力形成的基础是适宜的运动负荷刺激,训练效果的催化剂是合理的运动负荷变化节奏。在年度训练计划中,运动负荷及其变化节奏体现在周期/阶段,但仍需从整体入手设计周期/阶段负荷,以保证周期/阶段负荷变化具有连续性。应以训练任务、训练内容的性质和难易程度和训练所处阶段等合理搭配负荷量与强度。一般来说,运动负荷及变化节奏以图表的方式呈现,这种方式直观且简洁,让人一目了然。

(七)训练监控与评价

训练过程需要科学性的监控,它能保证训练过程的合理展开、合理性训练计划的制定、良好训练效果的达到。训练涉及内容有监控项目、监控内容、监控工具、监控日期、监控时间跨度和评价标准等,应当根据实际需要安排监控设计。

(八)基本措施与要求

年度训练计划中不可或缺的内容之一是基本措施与要求,它能够保证顺利执行训练计划、完成训练任务、实现训练目标。学员思想教育、训练动机与作风、教官规范化管理、教辅人员规范化管理以及医务监督与营养恢复等是基本措施与要求的内容。因为年度训练计划跨越的周期较长、训练过程复杂,在年度训练计划中难以要求完备的训练措施及要求,这意味着训练计划的制定者及执行者需要在训练过程中有效总结,并根据实际需要采取恰当的措施。

二、年度训练计划制定的基本程序

安防搏击训练的年度训练计划制定的基本程序和要求如下:

（一）学员信息采集与分析

学员信息采集与分析是第一步,不管是新学员或老学员都需要进行现实状态的信息采集与分析,其分析结果是制定年度训练计划的基本。

（二）确定年度训练目标与阶段训练任务

取得学员现实状态的信息后,应当结合学员培养的实际要求及其他客观条件确定年度训练计划的总目标与任务。训练目标需要切实可行,学员可以通过训练顺利开展并完成;训练任务需要以训练目标为基础,明确、具体、可行且具有针对性。此外,不同训练任务之间的衔接性与渐进性也应当注意。

（三）划分训练周期或阶段

将全年训练过程分为若干个更短的训练周期/阶段来满足年度训练目标及任务被称为训练周期/阶段的划分。一般来说,学校教学将学员分为两个训练周期/阶段,每个周期为一个学期。而对于现役警察,训练周期/阶段可以根据实际情况、自我训练目标及任务分为2～3个周期/阶段,自己根据需要来确定每个周期的时间跨度。

（四）设计训练内容与训练手段

训练内容与训练手段是训练任务的依据。在训练中安排的训练内容及训练手段必须符合学员的训练水平,同时也要考虑到训练的连续性及其他要素的协同性。

（五）设计训练负荷及其变化节奏

首先,应当根据学员的现实状态和训练水平来设计年度训练计划的训练负荷;其次,还需要考虑学员承受负荷能力的发展趋势;此外,训练负荷还要满足年度训练目标和周期/阶段训练任务的需要;然后,训练负荷的安排需要根据年度训练负荷的变化节奏,在执行过程中可以根据学员的现实状态适度调整;最后学员的文化课不应当受到训练负荷的设计影响。训练负荷及其变化节奏的总体原则在于学员能够通过训练负荷刺激机体产生良性变化,最终实现训练目标。

一般来说,在一个周期内刚开始主张平缓增加负荷量,根据实际需求增加到满足训练任务的水平;当负荷强度增加到一定程度时保持一段时间,等机体适应时再增加强度。训练的负荷量与负荷强度遵循此消彼长的原则,应当避免同时增加的情况出现。

（六）设计训练过程的监控与评价方案

考虑到每个人的认知能力、执行训练指令的忠诚程度有差异及人体的复杂性,每个学员的训练过程及训练效果存在着差距,所以一个有效的监控与评价方案有助于教官/管理者对训练过程进行有效评价。监控内容、监控工具、监控日期、监控时间跨度、评价标准和注意事项等是监控与评价方案的内容。方案需要详细且周密,评价标准需要适宜且科学,监控时间需要合理。

（七）形成年度训练计划初稿

当完成上述内容后，年度训练计划就基本成型了。紧接着需要从各部分的逻辑关系入手，依据训练计划的常规结构和特殊需求编写年度训练计划，完成训练计划的初稿。

（八）最后定稿

在完成训练计划的初稿后，团队内部需要对其进行讨论并报送训练管理部门审核。最终结合各方意见，对训练计划进行修改，最终定稿。

三、年度训练计划的表述格式

年度训练计划的表述方式有图表、文字或图表与文字结合三种方式。一般来说，因为年度训练计划时间跨度较长，为了年度训练计划的直观性及实用性，会采用图表表述为主，文字表述为辅的形式。详见表 5-1。

四、制定年度训练计划的注意事项

（一）根据全局观去制定年度训练计划，考虑计划设计的系统性、可持续性、可行性和科学性等问题。

（二）考虑学员的实际接受能力和时间、软硬件支持情况等现实条件。

（三）在设计年度训练计划中的训练负荷变化节奏时，同时满足实现预期训练目标、完成训练任务的需要且考虑到学员的身体承受能力、学员身体机能变化规律和训练条件所提供的恢复、营养保障等。

（四）在确定训练任务时，根据任务目标合理分工训练任务，具有连续性。

（五）在训练计划表述方面，应定性与定量表述相结合、图表表达与文字描述相结合，确保训练计划表述清楚又直观、易懂。

表 5-1　年度训练计划表

学　员 基本情况										
年　度 目　标										
月　份	9	10	11	12	1	2	3	4	5	6
周　期										
阶段划分										

（续表）

训练任务				
训练内容				
训练方法				
内容比例				
负荷节奏				
检查性测验				
基本措施	1. 2. 3. 4.			

第四节　周训练计划

周训练计划是根据训练任务和训练目标，具体规划阶段训练计划及年度训练规划；明确规定训练内容和每次训练课程的负荷安排与应用，对于安防搏击训练具有十分重要的意义。它不仅为课训练计划提供了依据也为教官调控训练过程提供了依据。

一、训练周的类型及特点

按照训练的主要任务，可以将训练周分为基本训练周、检查或赛前训练周、检查或比赛周和恢复周。训练周类型的明确有助于学员和教官确定本周训练目的和任务，方便教官设计训练内容、安排训练负荷、合理选择训练方法及布置恢复措施，从而促使训练计划目的更有明确性及针对性。

（一）基本训练周

基本训练周的主要目的是发展学员的一般身体素质和专项身体素质，学习和掌握安防搏击的基本技术、战术和提高安防搏击能力。基本训练周按照在阶段训练目标中的作用可以分为引导性训练周、发展性训练周、强化性训练周和适应性训练周。

1. 引导性训练周

引导性训练周主要是训练学员的身体机能、技术能力、心理能力及战术能力来适应一定强度和量的专项训练，从而为执行阶段主要训练任务打基础。就训练内容安排而言，以一般训练内容为主，训练内容应当多样化，负荷量及负荷强度在一般训练内容中不大，且应当循序渐进地增加。在阶段训练中，引导性训练可根据实际需要安排1～2周。

2. 发展性训练周

发展性训练周以安防搏击专项内容训练为主，主要目的是发展学员的安防搏击能力。其特点是训练内容和训练手段的专项化、较高的训练负荷、阶梯式/波浪式为主的增加方式。

3. 强化性训练周

强化训练周的训练任务主要是安防搏击专项内容训练，主要是通过中、大或者基线负荷的刺激来打破学员的稳定状态，目的是促使学员达到更高的状态或发展水平。训练量及训练强度也可以根据实际情况进行调整，一般来说训练量中、大，训练强度也在中、大甚至是极限。训练内容和手段的专项化程度更高。

4. 适应性训练周

适应性训练周的主要训练任务同样是安防搏击专项内容，以尽可能将学员的安防搏击能力保持在较高的水平为目的。在安排计划内容时，需要突显负荷强度，负荷强度以中、大为主，负荷量以中为主；训练内容和方法及手段在专项化的基础上需要尽可能多样化；注意结合理论学习，增加某些案例分析/应激性练习。

（二）检查或赛前训练周

安防搏击作为技能主导的格斗对抗项目，检查/比赛是可以用来检验安防搏击训练效果的手段。为了检验训练效果、展示训练水平，一般来说会在检查/比赛前会安排4～6周的针对性训练，其目的是通过综合性练习内容及突出强度的训练方法将学员体能、技能、战斗能力及心理能力转变为安防搏击能力，让学员准备好在检查/比赛中展现自我真实能力。其特点在于负荷强度的突出，负荷强度等同于或高于比赛强度，甚至可达极限强度；负荷量则是降低到满足比赛要求的标准；训练内容以将能力转化为安防搏击能力练习内容为主，例如，条件实战、教学比赛和技术靶等；间歇训练法、重复训练法和坐庄的手段等则为训练方法和手段。

（三）检查或比赛周

根据安防搏击的特点安排适宜的训练内容、方法和手段调整学员到最佳状态是检查或比赛周的主要任务。训练负荷的标准为比赛负荷，负荷可以适度地超过比赛负荷，力求负荷刺激所产生的超量恢复能够在比赛时出现；条件实战、技术靶和战术靶为主要训练内容；此外，应当明确训练计划中关于恢复和营养补给的方案。关于时间的确定，一般以检查日/比赛日最后一天向前推算来安排检查/比赛周。

（四）恢复周

通过降低训练负荷强度及训练量、转变训练手段和其他积极恢复措施促使学员机体恢复,造成运动能力超量恢复是恢复周的主要训练任务。恢复周主要是为下一阶段的训练搭建更高的平台。训练计划内容安排的特点决定了需要根据前一阶段负荷造成的学员疲劳程度来确定恢复的负荷量与强度、训练手段及恢复措施等。一般来说,比赛后的恢复周会将训练负荷量与强度降到全年最低,而训练内容一般采用游戏等方式能够促进恢复的练习。

二、周训练计划的内容和表述格式

(一) 周训练计划的内容

训练进程、主要训练内容和训练负荷是周训练计划的构成主体。每个部分都有不同的需求。

1. 根据训练日对训练周计划的进度来安排训练进程,一般来说一个训练周会安排5～6个训练日,每个训练日安排两次训练课程。通常一个训练周会被分为前后半周两阶段。

2. 根据每个训练日和训练课来安排训练内容,训练内容的安排依据现实需要,没有特殊要求。

3. 根据每次训练课安排训练负荷,主要包括训练量及强度两个方面。负荷安排具有节奏型,是一个由低到高再到次高的方式。

(二) 周训练计划的表述格式

周训练计划的标书采用表格加文字的方式进行。周计划的标书需要能够让教官清晰地了解时间跨度、训练课次、内容并符合及其变化节奏;文字描述则是对表格的必要补偿,根据实际需要进行编写。此外,教官还需要在训练时及训练后编写周训练计划内容,例如,小结/备注等内容。周训练计划的表述详见表5-2。

表5-2　周训练计划表

训练任务:…

训练进程	上午训练内容	下午训练内容	运动负荷		备注
			负荷强度	负荷量	
周一					
周二					
周三					
周四					
周五					
周六					
小结					

三、制定周训练计划的基本程序

制定周训练计划需要按照所确定的训练任务、周训练类型及训练日安排、所确定的主要训练内容及训练负荷变化节奏的次序进行。

(一) 确定训练任务

训练任务的确定主要依据阶段训练目标及训练任务,根据前一个训练周任务完成情况及学员的状态等因素。

(二) 确定训练周的类型与训练日安排

一般情况下以阶段训练计划安排、学员现实状态和训练现实需要来确定训练周的类型及训练日安排。

(三) 确定主要训练内容

确定主要训练内容需考虑到以下三点:第一,要考虑到训练任务及训练目标;第二,要考虑到不同训练内容对学员机体的作用及训练内容与训练负荷的协同程度;第三,需要考虑到后续训练的可持续性。

(四) 确定运动负荷变化的节奏

第一,运动负荷变化需要满足完成训练任务和目标的需要;第二,需要保证运动负荷与内容的有效协同;第三,需要根据训练周的整体情况和下一个训练周的需要来安排运动负荷的变化节奏。

四、周训练计划的制定依据

(一) 依据训练任务和训练目标确定周训练内容

完成周训练任务及训练目标是确定周训练内容时首先要考虑的因素。

(二) 依据训练内容的作用部位、代谢与恢复特征确定训练内容的组合方式

周训练由不同的训练日和训练课组成,因此在同一个训练课中也会出现训练内容的组合问题。一个优质的训练内容组合,可以促使学员完成足够训练内容,身体也获得足够的负荷刺激,有利于学员负荷后的机体恢复。训练内容的组合安排还需要考虑到训练内容的作用部位、代谢与负荷后的恢复等因素。

(三) 合理安排训练周和训练日的训练

合理安排训练周与训练日有助于完成周/日训练任务及训练目标,并且对整个训练阶段都产生积极影响,为教官提供更多可以调控的时间,达到事半功倍的效果。应当充分利用不同训练任务及负荷的组成方式,产生更良好的训练效应。若两次同样的训练任务和训练负荷间歇时间为 24 小时,学员疲劳将会加剧,不良的训练效应则会产生。但是,若前后训练课的训练任务不同,及时训练负荷相同、间歇时间也同样为 24 小时,却能够使学员机体承受足够的训练内容及接受训练负荷的刺激。在这样的安排下,学员不会产生疲劳的积累,反而更具规模效应,促使学员运动能力的提高。

(四) 合理制定周训练课的次数

训练量的积累能够达到规模效应,因此学员的能力需要通过一周多次的训练实现。周训练的训练课次安排的最基本依据在于能够完成训练任务、实现训练目标;此外,还需要考虑能够产生规模效应而又不会造成学员过度疲劳等因素;最后,整体培养计划及文化学习也需要注意。

第五节　课训练计划

课训练计划是教官安防搏击训练的直接依据,学员安防搏击能力的提高最主要依赖于每次训练课的完成。一个科学、合理、有效的课训练计划能够有效实现预期训练目标。

一、训练课的类型及特点

训练课依据主要训练任务和训练内容可以分为身体训练课、技战术训练课、综合训练课、检查或教学比赛课和调整恢复课五种类型。

(一) 身体训练课

身体训练课主要是为了发展学员的一般身体素质/安防搏击专项身体素质,提高学员身体机能。身体训练课一般在训练周期的开始阶段,新学员刚开始训练也以身体训练课为主,而专项身体素质训练一般在训练周的中间阶段开展。训练方法及手段应当多样化,在发展专项体能的同时也需要尽可能选择与其特征相似的诸如素质靶、打沙袋和摔法对抗等练习手段;一般身体素质练习强调负荷量,而专项身体素质突出训练强度。

(二) 技战术训练课

技战术训练课的主要任务是通过应用战术相关的内容和手段达到发展学员安防搏击战术能力的目的。技战术训练课是安防搏击训练的重要组成部分,它是学员训练过程中相当重要的一部分。在训练过程中,除了新技术学习阶段,一般情况下技术训练课介绍相应的战术内容,战术训练课的基础是技术的应用,因此安防搏击训练不能将技术和战术训练课分开,尤其是针对高级阶段学员的训练。

技战术训练课的主要训练内容为拳法、腿法、摔法、控制技术、防守技术、组合技术和各种战术。训练手段一般为打靶、打沙袋、摔法对抗、条件实战和实战等专项训练手段。训练负荷安排以技战术学习为目的,训练量不宜太大,当以提高技战术运用能力为目的时,需要突出强调负荷强度,对训练量也有一定的要求。

(三) 综合训练课

综合训练课的主要任务是提高学员的安防搏击综合能力,训练内容的安排需要相对多样化。综合训练课占安防搏击训练比重较大，各个训练都经常采用综合训练课。因为训练内容的多样化，综合训练课将会促使学员身体得到有效调节、训练任务较好执行，从而达到预期训练目标。

设计综合训练课应当理清主次，安排训练课内容的执行顺序时依据主要训练目的、训练任务和训练内容与手段的负荷特征合理等；训练负荷则需要根据训练任务和学员状态确定。比如，当设计一次以技战术训练为主、提高身体素质为辅的训练，技战术训练在前、体能训练在后。结束部分应当放松并对训练进行总结。

（四）检查或教学比赛课

通过完成检查项目和检查内容或教学比赛，正确评价学员的训练效果和现实状态，为下一阶段的训练做准备或为学员参加比赛时对专项能力的全面动员是检查/教学比赛课的主要任务。这种类型的训练课一般情况下都是有计划地进行，高级阶段学员可以将教学比赛作为训练的一种手段；检查课会安排在训练周期的开始与结束阶段，而训练周期中间的检查课一般都有明确的阶段目标，教官也可以根据实际需要临时安排。训练课的负荷强度十分大，甚至可以达到极限强度，负荷量则为检查/比赛的程度。

（五）调整恢复课

调整恢复课的主要目的是通过运动负荷、训练手段和恢复措施等的应用调整学员机体机能，促进疲劳恢复。调整恢复课主要被安排在训练大周期、年度训练计划休整期、比赛和大负荷量度训练之后。在调整恢复课负荷量及负荷强度都比较小时，一般采用训练学、医学、生物学和心理学等恢复手段，为消除训练疲劳、促进身体技能恢复和下一阶段训练做准备。

二、训练课的结构

训练所需要的要素相互结合而形成的训练方案是训练课的结构。系统的结构决定系统的功能，训练课作为一个系统，其构成要素及要素之间的合理衔接影响训练课的顺利完成。训练课一般由三部分组成，即准备部分、基本部分和结束部分，每个部分间的构成要素诸如练习内容、练习方法和手段、练习负荷所产生的效应都具有关联。

（一）准备部分

1. 准备部分的任务

需要调整学员心理状态，克服自身身体惰性，调动各项生理机能，使身体尽快进入基本部分训练需要的状态。

2. 准备部分的内容与手段

课堂常规和准备活动是准备部分的内容，其中后者为准备部分的主要内容。

（1）课堂常规的内容与手段

教官需要在课堂常规部分向学员介绍课的任务、目的、训练内容和要求；检查学员的出勤和着装情况,对骨干学员进行任务分工。

（2）准备活动的内容与手段

一般性准备活动和专门性准备活动是准备活动的两大类。一般性准备活动的目标是重新唤醒学员的身体机能,克服自身的惰性,练习手段为慢跑、游戏或徒手操作等,其训练采用循序渐进地增加的方式,练习强度和量均不大。而专门性准备活动主要是为了做好基本部分训练身心上的准备,依据训练课的主要内容的结构特征、性质来选择安防搏击基本功的部分内容,练习手段为专项基本技术或专项基本技术类似的技术。

3. 准备部分的组织形式

集体活动的形式是准备部分的主要组织形式,教官的主要任务是口令指挥或督促指导。

4. 准备部分的运动负荷

准备部分的运动量和强度均不大,主要以负荷量的循序渐进增加为主;负荷强度达到个人最大承受负荷能力的 50%～60% 之间,心率达到 160 次/分左右。

5. 准备部分的时间分配

课堂常规占用的时间在 2～3 分钟,一般性准备活动安排 10～15 分钟,专门性准备活动安排 10～15 分钟。除此之外,还要根据学员的实际状态、训练水平、训练课的现实需要和气候条件等调整准备部分的时间。

（二）基本部分

1. 基本部分的任务

基本部分的任务作为一堂训练课最主要的组成部分,是完成训练课的主要训练任务。

2. 基本部分的内容与手段

基本部分的内容依据周训练计划进行安排。除此之外,还需要考虑学员的现实状态和前一阶段的计划完成情况。练习手段的选择依据周训练计划的规定与完成训练任务的需要,采用多种有效的练习手段。

应当科学合理安排训练课程内容,借以充分调动学员身体潜能,提高学员的训练效果。若是一次综合训练课,首先应安排技术、战术训练,然后再进行身体素质训练;若是一次单一训练内容的训练课,应当按照复习已学技战术、学习新技战术到改进和完善技战术的顺序安排技战术训练,首先进行基本技战术练习,然后再进行组合技战术练习;若是一堂体能训练课,应当按照柔韧、灵敏、速度、力量到耐力的顺序安排身体素质训练。应当根据训练内容顺序确定训练手段安排顺序。

3. 基本部分的组织形式

根据课的任务、练习内容的特征和练习条件确定基本部分的组织形式,一般有集体、小组、配对和单兵操练几种形式,教官需要根据具体练习形式进行指导。

4. 基本部分的运动负荷

是否科学合理安排基本部分运动负荷决定着训练效果和任务的完成与否。需要根据课的任务、训练内容和学员的现实状态来确定训练课的运动负荷,周训练计划运动负荷还需要从整体角度出发进行安排。另外,不仅需要处理好总负荷与每个练习手段负荷之间的关系,还需要处理好负荷量与负荷强度之间的关系。

5. 基本部分的时间分配

基本部分是一堂训练课的最主要部分,它在整个训练课中所占的时间也最长,一般能够占到 60%～85%,具体时长还需根据课任务、练习内容和学员的状态确定。

(三) 结束部分

1. 结束部分的任务

结束部分训练课作为最后一个环节,其主要任务是借由结束部分的运动内容与手段的应用促使学员的身体机能及精神状态恢复到安静状态。此外,让学员充分了解到训练课的训练效果也是其任务之一。

2. 结束部分的内容与手段

放松运动和训练课小结是训练课结束部分的主要内容。其中,放松运动主要采用慢跑、放松操、按摩和拉伸练习作为练习手段;训练课小结则是教官对训练课中的学员任务完成情况进行评价,从而指出存在问题及改正办法。

3. 结束部分的组织形式

组织形式的标准为能够完成结束部分的任务。当学员进行放松时,既可以采用集体形式、分组形式、个人形式,也可以采用集体形式、分组形式与个人形式相结合的组织形式。

4. 结束部分的运动负荷

结束部分学员的运动负荷相对来说比较小,可以根据练习内容和练习手段来确定运动负荷强度与量。

5. 结束部分的时间分配

在整个训练课中,结束部分所占的时间最短,一般为 10～15 分钟。

三、课训练计划的内容与制定

(一) 课训练计划的内容

课训练计划依据训练时间的需求主要包括以下九个方面:

1. 一般情况描述

内容包括课次、日期、时间和适应对象等。

2. 训练课的任务

3. 总负荷安排

4. 课的结构与时间安排

5. 各部分的内容、手段、运动负荷

主要是各部分练习的名称、次数、组数、重量、距离和时间等。

6. 练习的组织形式、措施与要求

7. 场地器材情况

8. 训练中的监控指标记录

9. 课后小结

（二）课训练计划的制定

1. 课的任务制定

训练课根据周训练计划的任务安排、学员的现实状态和前一阶段训练任务的完成情况确定任务，任务应当具体且明确。课训练任务形式有两种，即单一训练任务和综合训练任务。综合训练任务一般有 2~3 个任务。在准备期和比赛期的训练课以单一任务训练课为主，辅之以综合任务训练课。而准备期则相反。此外，综合任务训练课对于初级阶段的学员来说比中高级阶段学员数量要多。

2. 课的训练内容设计

训练课的任务和训练进度计划是训练内容设计的主要依据。内容主要包括身体素质、动作技术和战术等方面。

训练内容的安排要依据一定顺序，技术训练需要按基本动作、拳法、腿法、摔法练习的顺序开展；素质训练按柔韧、灵敏、速度、力量、耐力的顺序进行；力量练习按上肢、下肢、全身的顺序进行练习。在课基本部分前部分进行技战术训练，后部分进行素质训练；在进行体能训练课时，首先进行速度和力量素质练习，再进行耐力素质练习。

3. 课的组织形式与练习手段选择

练习内容、练习手段和学员对练习内容的掌握程度决定了课的组织形式选择。需要通过选择合理的组织形式在规定的时间内最大限度地进行有效的训练。素质练习采用循环组织形式有助于提高学员的练习密度；集体练习形式适用于技术学习；个人练习有助于学员更好地理解动作；分组练习有助于发挥团队力量，提高学员学习和训练的效率。

应根据练习任务和完成练习内容的需要、练习手段的功能特性来确定所要选择的练习手段。在准备部分一般使用一般性、辅助性的练习，基本部分选择诱导性、专项性的练习，在体力充沛的情况下选择完整的技、战术动作练习手段和近似专项的练习手段。

4. 课的运动负荷设计

课运动负荷设计需要适应训练课的任务、内容、组织形式和练习手段，它分为负荷量和负荷强度两个部分。在训练实践过程中，需要根据训练目的及学员的状态控制训练负荷。在学习和掌握新技术及战术训练课时，负荷量一般为中等/大，训练强度为小/中等；当改进和提高技术、战术时，负荷量为中等，负荷强度为中/大；在发展一般身体素质时，负荷量为中/大，负荷强度为小/中；在发展专项身体素质时，负荷量为中/大，负荷强度为中/大甚至为极限。

（三）课训练计划的表述格式

可训练计划有三种表述格式，即文字、表格和文字与表格结合三种形式。每种方式都有其优缺点，一般会采用文字与表格结合的方式进行表述。表格表述方式详见表 5-3。

表 5－3　课训练计划表

时期：　　　　阶段：　　　第　　周　　日期：　　　　　训练对象：

任务		总负荷节奏	准备部分	基本部分	结束部分
			负荷量： 负荷强度：	负荷量： 负荷强度：	负荷量： 负荷强度：
结构	时间	内容与手段		组织形式	检测指标
准备部分					
基本部分					
结束部分					
场地器材			见习学员安排		
监控记录			课后小结		

四、制定课训练计划的基本要求

（一）所制定的课训练计划应科学、合理、有效

训练内容的安排、训练手段的选择、训练负荷的设计和组织形式等的安排符合运动训练原理和学员的认知规律，体现了训练计划的科学性；训练计划的设计与学员的身体实际承受能力相适应体现了训练计划的合理性；能够完成训练计划安排的内容，并实现预期训练目标体现了训练计划的有效性；训练任务、训练内容、训练手段和运动负荷的合理安排体现了训练计划的可行性。

（二）要从全局观出发制定课训练计划

制定的课训练计划既要能够完成本次课程的训练任务又要具有可持续性,在整个课程中起承上启下的作用。

（三）处理好训练内容安排顺序和运动负荷的变化节奏

当多种训练内容被安排在一堂课中,合理安排不同训练内容的执行顺序能够保证完成训练内容质量并实现训练目标;而合理变化运动负荷节奏也能使学员机体得到充分的刺激,促使学员完成训练任务。

【微信扫码】
相关资源

第六章　安防搏击训练的营养与恢复

技能、体能、心理能力、运动智能及其之间的协同程度是学员们安防搏击能力提高的基础，同时这些能力的提高又以学员所能承受的负荷量和强度训练刺激为基石。在实际训练过程中，学员经过一定程度的训练后会消耗体内能源物质并产生疲劳感，在这种情况下需要对学员进行合理的营养补充从而消除疲劳，以便学员能够有效地开展下一次训练。学员的安防搏击能力便是在这样一个由疲劳到恢复、再疲劳、到再恢复周而复始的过程中不断得到提高的。所以，训练过程中要学会劳逸结合及适时补充。

第一节　营养与恢复的现实意义

一、营养与恢复的概念

在安防搏击训练中，学员身体内的能源物质在训练负荷的作用下提供代谢供能，这个代谢过程会在给学员提供能量的同时产生促使机体疲劳的物质。因此，在一次训练结束后，学员有必要通过合理的饮食补充必要的营养物质来弥补训练产生的代谢消耗，并通过使用多种方法和手段降低身体的疲劳程度，从而恢复机能。

总而言之，在训练过程中通过采用水、电解质及能量物质进行补充的积极恢复手段，训练后合理摄入膳食及必要的营养物质来促进学员机体恢复的过程为营养与恢复。

二、营养与恢复的现实意义

学员的安防搏击能力的一个重要构成要素为体能，因此在训练中体能的消耗是造成学员疲劳的主要原因，所以在训练中和训练后，如何促进学员恢复体能、加速消除疲劳是提高训练效果的重要环节。当前的主要形势为"处突、防暴、反恐"，在这样的形势要求下，警察院校的安防搏击训练需要进一步增强，而训练中和训练后的营养恢复问题就成为燃眉之急。现代体育科学的发展为我们提供了多种途径来解决问题，合理科学的营养补充、按摩等手段能够促进学员恢复体能、消除疲劳，对于学员有效进行下一次训练具有十分重要的意义。

依据现代体育科学，营养与恢复对学员安防搏击训练主要有以下几个方面的现实意义：

（一）在训练中和训练后，通过按摩、桑拿浴、针灸等物理恢复手段，有助于消除学员疲劳，促进恢复学员身体状态，从而为下次训练做准备。

（二）在训练中和训练后，合理且科学地补充营养物质能够有效缩短学员体能和身体机能的恢复时间,从而提高学员再次承受训练负荷刺激的能力,提高其训练效果。

(三)采用科学、合理的营养补充与恢复手段将有助于学员维持自身健康水平,避免出现伤病。

(四)摄入科学、合理的膳食与营养有利于学员保持适宜的体脂成分和理想的体重。

第二节　基础营养与保障

一、营养在安防搏击训练中的地位

人体从外部环境摄取、消化、吸收与利用食物和养料的综合过程为营养。合理的营养可以提高安防搏击学员的运动能力,促进其恢复体力及预防运动带来的相关营养问题。

在不同的训练情况下,学员的营养需要、营养因素与机体功能、运动能力、体力适应情况是不同的,这些要素因人而异。为此,需要建立一个个体化的营养处方。

合理营养将会提高学员运动能力、促进其恢复运动后的机体。因此,一份合理营养是保证安防搏击学员维持良好健康与运用能力的基础,有助于学员的身体机能状态恢复、体力适应、运动后机体的恢复和伤病防治。合理营养不仅为安防搏击学员提供适当的能量,还有利于剧烈运动后机体的恢复、延缓运动型疲劳的产生或减轻其程度、解决运动训练中某些特殊医学问题、维持肌纤维中能源物质(糖原)的水平稳定、减少运动性创伤的发生概率。

二、安防搏击训练中的有关营养需求

1. 水

运动会使人出汗,大量的水分在运动过程中从呼吸中带走,一小时的运动会丢失1 000~2 000毫升的水分,因此及时补充水分十分重要,最佳情况为运动前喝2大杯水,在运动过程中每隔10分钟就喝一点水。补充水分需要依据以下原则:不管运动前、运动中还是运动后都需要补水。运动前2小时补充250~500毫升水分;运动前即刻补充150~250毫升水分;运动中每15~20分钟补充120~240毫升水分;运动后尽可能多补水,但睡前2小时停止补充水分,否则会影响人体睡眠。

2. 糖类

糖为学员提供收缩伸展能力。糖主要来自膳食的主食中,主要储存在肌肉、肝脏和血液中,分别被称为肌糖原、肝糖原和血糖。

糖类参与调解脂肪的代谢。糖类是肌肉运动的主要能量来源,若在运动前糖分摄入不足,学员的肌肉工作能力会下降,最后会影响学员的运动状态;若在运动后不及时补充糖分,不利于学员机体的恢复,影响学员肌肉生长。通过安防搏击实践证明,在进行过激烈运动后,使用高糖膳食可以使肌体在42小时内完全恢复,而高蛋白低糖膳食,则需要长时间才能完全恢复。除此之外,糖分不仅可以节省蛋白质的利用,并能促进脂肪代谢。

运动前适度摄入含糖量丰富的食物有利于机体储备糖分,保证能量的供给,提高学员运动能力。补充糖分的方法为：运动前 30～60 分钟摄入适量的食物，比如全麦面包和麦片粥等。在运动时不能通过吃食物来补充糖分，最好的办法是饮用运动饮料或凉开水冲葡萄糖进行补充。一般来说糖浓度在 5％ 比较适宜，高于 6％ 的糖浓度会减慢吸收能量，导致饮料在胃肠道滞留。运动后补充糖分能够加速肌体恢复，促进肌肉生长。通过长期安防搏击训练实践发现，学员经常发生糖类饮食比例不足（正常要保持 60％ 左右）的问题。

3. 蛋白质

成人每天最低需要 30～50 克左右的蛋白质，而对于安防搏击学员来说还需要增加，具体标准则因人而异，可以通过身体机能检测实验室氮平衡检测来确定。长期的安防搏击实践发现，学员经常会过量补充蛋白质，过量的蛋白质将会给肝脏和肾脏带来负担。

4. 电解质

运动能量的消耗和出汗，会使身体流失钾、钠、钙、镁等电解质，会造成身体乏力、肌肉痉挛，从而导致运动能力下降。运动中运动饮料的补充，能帮助补充汗液中丢失的电解质，使机体得到充足的水分，维持正常代谢水平，保持血容量。激烈的运动伴随的汗水丢失，会消耗身体内大量的钾和钠，钠可以通过食物补充；而钾元素的补充需要选择香蕉、橘子等含有丰富钾元素的食品。锌元素通过汗液和尿液流失，牡蛎、牛奶、羊肉等食物含有较多的锌，也可服用含有锌的复合维生素片来补充锌。铬元素能够促使身体脂肪的消耗，协助身体调节血糖，足够的铬能够提高锻炼效果，可以通过葡萄、蘑菇、花椰菜、苹果、花生等甚至铬胶囊来补充铬。关于钙的补充，训练引起的骨骼重塑及骨密度增加需要钙的摄入，但是又不能无限制地增加钙的摄入，因此补钙要科学且合理。此外，身体机能监测实验室需要配备国际标准的骨密度测量仪，定期监测骨密度，调整钙的摄入。

5. 维生素 C

(1) 促进骨胶原的生物合成，有助于组织创伤口的愈合；

(2) 促进氨基酸中酪氨酸和色氨酸的代谢，延长肌体寿命；

(3) 改善铁、钙和叶酸的利用；

(4) 改善脂肪和类脂特别是胆固醇的代谢，预防心血管病；

(5) 促进牙齿和骨骼的生长，防止牙床出血；

(6) 增强肌体对外界环境的抗应激能力和免疫力。

维生素 C 可以帮助身体吸收钙、磷、铁这类的矿物质，大白菜富含维生素 C。维生素 C 属于水溶性维生素，大量补充相对安全，补充的多余部分将从尿液中排出。

6. 维生素 B2

运动量越大，人体所需的维生素 B2 就越多。可以通过牛奶、绿色蔬菜、牛肉等食品来补充维生素 B2，同时也可以通过复合维生素片来补充，大量补充维生素 B2 相对安全，多余的部分将会从尿液里排出。

7. 维生素 E

运动在消耗大量能量的同时也会需要很多氧气。体内大量的氧气会促进自由基的产生并对身体造成很多伤害，维生素 E 恰好能阻止这种破坏的发生，并防止运动后肌肉的酸痛，维生素 E 是脂溶性维生素，不能大量补充。

第三节 训练后的恢复

一、训练后恢复的意义

学员安防搏击能力的提升需要承受一定量的负荷刺激,甚者会超过学员自身承受的极限,这样会造成学员运动器官和心理上的疲劳,若是疲劳没有消除,疲劳的积累将会造成学员运动损伤。因此,训练后的恢复是为了尽快消除学员身心疲劳,为下次训练做好准备。

二、训练后恢复的常用手段

训练后恢复的常用手段有物理学手段、心理学手段、药物手段和营养学手段。营养学手段已在第二节进行了详细阐释,不再赘述。

(一) 物理手段

整理活动、按摩、沐浴和理疗等为物理手段。

1. 整理活动

在训练结束后以放松身体运动器官为目的肢体活动为整理活动。整理活动的负荷量与强度小,以小负荷量度为主,运动形式有慢跑、有氧操、肌肉拉伸和游戏等。

教官需要向学员强调整理活动的重要性,整理活动是训练的延续,有利于弥补训练中所造成的氧债,改善肌肉中的血液循环,缓解肌肉紧张,降低肌肉僵硬和酸痛程度,缓解局部疲劳,降低运动性疲劳和损伤的可能。

2. 按摩

按摩也被称为运动按摩,主要是运用手、肘等部位或借助器械摩擦、揉捏或敲打身体表面的行为,其目的是放松肌肉。训练后进行按摩可以帮助学员消除/降低肌肉和精神的紧张程度,提高对运动负荷的承受能力,为下次训练做好充分的准备。按摩依据主体的不同又可以分为自我按摩、他人按摩和器械按摩。

训练后的按摩需要根据学员的体质、性别、年龄的特点,尤其是根据训练后学员的疲劳程度来采用恰当的手法、用力的大小、时间的长短等。通常情况下,采用的手法有抚摩、揉捏、推压、振动和抖动等。经穴按摩手法有按、压、分、揉、掐、推等。依照胸、腹、上肢、下肢的次序,按摩需要顺着血液和淋巴回流的方向。当使用揉捏、推压、摇晃、抖动等手法时,要注意用力由重到轻。与此同时,需要根据各个部位的疲劳情况,循经取穴,施行揉、捻、推、掐等手法,以调和气血,更快地消除疲劳。全身按摩一般是一周一次,安排在训练休息后1~2小时或更长时间。最好的情况是在温水沐浴后在温暖且清静的室内进行。

3. 热水沐浴或桑拿浴

训练结束后一个简单的热水淋浴或桑拿浴同样可以促进全身血液循环、加速新陈代谢及营养物质的输送、缓解肌肉疲劳。一次热水淋浴一般在15~20分钟,水温在40摄氏度左右,沐浴后就可以入睡;桑拿浴根据个人实际需要控制时间但不宜过长。

4．睡眠

充足的睡眠是消除疲劳简单且经济的方法,是学员体力恢复的基本条件。人体能够在睡眠过程中分泌生长激素,生长激素能促进人体所需物质的合成。充足且高质量的睡眠有助于学员消除疲劳,恢复身体机能。一般来说,学员得保证晚上有8小时左右、中午有1~2小时的高质量睡眠。

5．理疗

利用各种物理治疗的手段来加速身体肌肉疲劳消除、治疗部分运动损伤的方法被称为理疗,理疗主要包括红外线治疗仪、远红外线治疗仪、热敷和针灸等。在理疗过程中,可以通过局部直接作用及神经、体液的作用调节人体血液循环、改善营养代谢、提高免疫功能、调节神经系统功能、促进组织修复、消除疲劳和达到身体机能恢复的目的。

(二) 心理学手段

学员在安防搏击训练过程中产生的疲劳分为躯体疲劳和心理疲劳,躯体疲劳可以通过物理手段消除/降低,心理疲劳则需要心理学手段来消除。心理学手段主要有意念和气功两种方法。

1．意念放松法

自我意念放松和他人引导放松为意念放松法的两种方式。自我意念放松是学员通过有意识地想象身体不同部位处于放松状态来放松身体,一般情况下会让学员在舒缓、优美的音乐环境中进行想象放松;他人引导主要通过他人的语言暗示进行放松,例如催眠。

2．气功放松法

学员从精神上、形体上和内脏上进行放松的方法为气功放松法。气功放松法的最基本要求为精神上的放松,在此基础上加上形体上的放松才能导致内脏的放松。

(三) 中药手段

根据中药学理论,运动型疲劳为"劳倦内伤"的范畴,其认为"运动性疲劳主要耗伤脾肾元气,初则在脾,久则在肾,加之气血之间关系最为密切,气为血帅,血液的运行,有赖于气的推动,气行则血行。劳倦伤气,气虚运血乏力而血行不畅,导致血瘀,经络不和,因而出现肌肉酸痛、骨骼乏力等症状。"因此,可以通过口服、外用中药的方式消除学员疲劳,例如服用阿胶、黄芪、党参、陈皮、刺五加、鹿茸和灵芝等。口服/外用中药能够有效调节学员中枢神经系统功能,并扩张管状动脉、健脾益气、行气活血、舒缓疲劳。应在中医师或专业人员指导下再进行中药的服用。

【微信扫码】
相关资源

第七章 安防搏击训练常见运动损伤的预防与治疗

安防人员在工作中施救和自救时需要一定的安防搏击能力,因此对于安防搏击的训练需要从严格、困难、实战需求出发才能将其真正转化为实际工作能力,这有助于避免在训练过程中造成一系列运动损伤/运动型病症,提高训练的科学化水平。本章节主要从运动损伤产生的原因及预防、常见运动损伤的诊断及治疗、损伤的现场急救和处理这三个方面进行阐述。

第一节 常见运动损伤产生的原因与预防

常见运动损伤产生的原因有助于教官和学员采取预防性措施将运动损伤降低到最低程度,教官与学员应当重视对这一知识的学习。

一、常见运动损伤产生的原因

(一) 思想上重视程度不够,运动损伤预防知识不足

在安防搏击训练过程中,很多情况下完全能够避免某些运动损伤,很多运动损伤产生的原因可能是学员思想上不够重视。例如,学员思想麻痹,训练时不集中注意力;忽视训练开始的准备活动和训练结束后的放松活动;忽视工作要领/操作规范进行练习等。此外,教官与学员不能够自觉去学习运动损伤产生的原因也是思想上不够重视的体现,训练时应当积极主动预防运动损伤。而在产生运动损伤后不去认真分析产生原因、总结经验和教训,会使那些可避免的伤病发生。

(二) 准备活动存在不足

准备活动不够充分、准备活动的内容与主要训练内容没有形成很好的衔接、准备活动的负荷量度安排不合理是准备活动不足的三种不同情况。

1. 准备活动不够充分

许多运动损伤可能是因为准备活动不充分造成的。当学员的肌肉没有充分预热、拉伸,关节没有得到适当的润滑,再进行这样幅度大、爆发性的训练时,运动损伤无法避免。为了减少运动损伤发生的概率,满足正式训练的需要,训练开始前的准备活动必须充分,可以通过慢跑、拉伸操、游戏和各种翻滚练习使学员温度逐步上升,充分拉伸肌肉、润滑关节、动员呼吸系统和心血管系统、调动神经系统。

2. 准备活动内容与主要训练内容没有形成很好的衔接

在准备活动中,若是准备活动所安排内容与当前训练课的主要训练内容没有形成很好的衔接,也是一大问题。一般情况下,一次训练课的准备活动分为一般性准备活动和专项准备活动两种。一般准备活动的主要目的是提升体温、拉伸肌肉、活动关节、调节神经系统兴奋程度和降低内脏器官生理惰性;专项准备活动则是主要针对训练课的内容做好身心上的准备,训练内容的安排近似于实际训练技术/主要训练技术的活动内容,当活动内容为后者时负荷量较低。为了降低训练中运动损伤发生的概率,除了进行一般准备活动还需要做好专项准备活动,需要在充分考虑本次训练课主要训练内容的形式、动作结构、动作性质的基础上,使学员身心调整到最佳状态。

3. 准备活动的负荷量度安排不合理

在进行准备活动时,也需要注意适当安排负荷量度。若准备活动负荷量度安排过小,学员的运动和神经系统无法做好充分的准备,运动损伤发生的概率也会提高;若负荷量度安排过大,学员会提前出现身体疲劳,这样会影响到后续训练部分肌肉的协同发力,从而提高运动损伤发生的概率。准备活动负荷量度需要考虑到学员的身体状态和本次课程主要训练内容对于学员身体作用程度这两方面。在准备活动结束后可以从学员的心率、个体感受和教官的经验等几个方面去判断准备活动负荷量安排是否适宜。

(三) 技术动作不规范

学员技术动作不规范也是在训练过程中产生运动损伤的原因。规范的技术动作需要符合人体结构力学特征与人体解剖结构特征。新学员可能在新技术教学过程中,由于肌肉控制能力不强、没有正确掌握动作要领、忽视动作技术细节等多个原因,完成技术动作时可能会造成肌肉、肌腱、韧带的拉伤/挫伤关节软组织,更有甚者可能会造成骨折。所以,在安防搏击训练时需要让学员了解错误动作的危害,在学员还未掌握技术动作前略微降低动作难度、幅度、速度和力量等来进行练习,不能急于求成。

(四) 负荷量度安排不科学、不合理

不科学不合理的安排负荷量度也是学员运动损伤的原因之一。不科学、不合理首先表现在安排负荷量度时没有考虑学员身体最大负荷能力和学员的实际状态;其次,安排负荷量时没有根据学员身体机能变化的阶段性特征,当学员机体处于低谷时需要下调训练的负荷量度,否则会造成疲劳堆积、慢性劳损、甚至造成运动损伤。

(五) 组织教法存在问题

在安防搏击训练中造成运动损伤的另一个原因是组织教法的不当。若在训练时违背循序渐进、区别对待的原则,急于求成,违背技术动作形成的基本规律和身体机能的变化规律,没有充分考虑到个体之间的差异分配练习,没有在训练中做好保护与帮助,这些都会造成学员的运动损伤。

(六) 心理状态不良

学员心理状态不佳也会间接造成运动损伤的发生。自信心不足、注意力不集中、情绪低

落、胆怯犹豫、紧张、意志品质不够顽强或盲目、冒失、急于求成、过于兴奋等不良的心理素质，会使学员无法有效支配运动系统，在完成动作时拖泥带水，从而造成运动损伤。因此，教官应在安防搏击训练中重视调整学员心理状态，保持学员在训练中的良好心理状态和精神面貌。

除了上述几个原因，例如场地设备的缺陷、气候不良、训练后不注重放松、学员不良的作息习惯也是发生运动损伤的原因。因此想要降低运动损伤发生概率需要尽可能将造成损伤的要素排除，预防运动损伤的发生。

二、常见运动损伤的预防

(一) 加强思想教育，树立防范意识

教官需要在安防搏击训练中对学员进行预防运动损伤的宣传和教育，让学员了解到运动损伤的危害、损伤发生的原因和预防运动损伤发生的方法，懂得如何去预防，不惧训练，重视训练的各个环节。而教官需要时刻树立防范意识，将可能发生的运动损伤隐患排除到训练课之外。

(二) 科学、合理地安排教学、训练

第一，对于教学和训练内容，需要遵循由易到难、由简到繁的原则，先进行体能和基本功的基础训练然后再进行分科目训练，先训练单个技术再进行组合技术训练，发展学员安防搏击能力时依照个人技术训练、配合练习、条件实战、实战这样一个顺序。在训练负荷方面，遵循由小到大的原则，以负荷量的增加为基础，再增加负荷强度，需要科学合理地变化负荷量节奏。第二，需要因人、因时、因内容、因学员身体现实状态安排负荷量度。第三，在安防搏击初始阶段培养学员的一般运动能力，为今后的训练打好基础，逐渐提高训练强度。最后，需要根据练习的内容和性质合理安排教学及训练过程中的间歇时间。

(三) 认真做好准备活动和放松活动

预防运动损伤的一个非常有效的措施是认真做好每次训练课的准备活动和放松活动。准备活动分为一般性准备活动和专门性准备活动。一般性准备活动的主要目的在于使学员身体温度升高和调动运动系统、呼吸系统、循环系统、神经系统的机能，其在安排练习内容时比较灵活；而专门性准备活动的主要目的为让学员的运动系统、呼吸系统、循环系统、神经系统等能够更好适应主要训练内容。安排练习内容时需要考虑训练内容的特征。安排练习时间时需要依据天气温度、学员身体状态和训练内容来确定。

同时，预防运动损伤也需要重视放松活动。运动损伤分为慢性损伤和急性损伤，急性损伤需要充分的休息，若学员没有得到充分的休息和恢复，急性损伤可能转化为慢性损伤。很多如劳损等慢性损伤是由训练后不注意放松形成的疲劳堆积造成的。因此，学员需要明白放松活动的意义，不仅在训练结束后，在训练间歇时间也需要安排放松活动，根据实际需要安排不同方式的放松，认真进行放松活动。

(四) 做好保护与帮助工作

提高学员自身的保护能力和他人进行保护与帮助也是降低运动损伤发生的有效途径。

提高学员自我能力需要从以下三个方面入手：第一是进行常见运动损伤产生原因及预防的基本知识教育；第二是学员需要保持适度的自我保护意识；第三是着重训练学员保护技能和重要部位的肌肉力量，例如各种跌法、倒法、滚法和颈部、腰腹部肌肉力量。

在对他们进行保护和帮助时，保护者需要具备保护与帮助技巧和各项能力与知识，注重集中与训练者保持默契。

（五）进行必要的医务监督

针对普通学员，教官通过询问学员训练中的感受、基础心率变化情况、休息情况和从学员训练中的表现进行义务监督；针对特警及反恐方向的学员，除了上述监督方式学员还需要进行其他生理和生化测试，保证训练负荷、手段安排的科学、合理、有效。

此外，《运动解剖学》《运动生物力学》《营养学》和《训练学》等知识的宣传与教育也十分必要，将有助于增强学员自身的自我防护意识。

第二节　常见运动损伤的诊断与治疗

一、头颈部常见损伤

（一）耳轮挫伤

1. 症状体征

挫伤部位通常是耳郭前外凹处，受伤部位将会红肿、疼痛并形成血样积液，随着积液的增加疼痛将会加剧。

2. 产生原因与处理方法

产生原因：在进行配对练习时，双方耳郭会在夹抱过程中受到挤压、搓揉、碰撞，这样会造成耳轮处软骨组织受损，血样组织液渗出。反复损伤过后，长期刺激积液将会引起软骨损伤、变性，出现粘连、变形，最后造成耳壳畸形。这就是"菜花耳"。

处理方法：受到轻微伤时，应当尽快用冰块或凉毛巾冷敷，无须用药；若挫伤比较厉害，除进行冷敷外还需要涂抹治疗损伤的外敷药物，遵循医嘱口服消炎药、止痛药。若有大量积液可采用无菌针管抽出，然后用石膏加压包扎，同时停止可能会再次伤及耳轮部位的训练内容，几天后便可以痊愈。切忌揉搓或按摩受伤部位。

（二）眉骨处挫伤

1. 症状体征

皮下出血，积血时肿胀、青紫为轻微伤的表现；严重挫伤的表现为皮肤与皮下组织裂开、创口出血，甚至会出现眉弓骨折。

2. 产生原因与处理方法

产生原因：因为眉弓的位置特殊和形状凸起，再加上皮下组织较少，所以在训练中，学员之间在发生拳击、膝顶、肘击、头与头或头与其他部位硬性接触时都可能会因为碰撞而产生眉骨处挫伤。

处理方法：轻微伤可以用冰敷的方式进行处理，但冰敷时应注意防止冻伤；若出现眉弓裂开，可以用脱脂棉敷于伤口处，用手将伤口按合，并去医院进行缝合。切记不能揉搓、按摩伤口，更不能用自来水冲洗伤口，防止感染。在伤口愈合后学员便可投入训练，但应尽量避免撞击。

（三）鼻梁撞伤

1. 症状体征

轻伤主要表现为出血；重伤表现为骨折，骨折处鼻梁骨会松动，更有甚者会出现塌陷、变形。

2. 产生原因与处理办法

产生原因：受到对手头顶、拳击、肘击、膝顶、腿踢或与其他硬物撞击时都会造成鼻梁受伤。

处理办法：在轻伤鼻子出血时，伤者需要仰起头，左手捏鼻翼，用右手掌一侧掌骨轻压伤侧颈部止血，再用消毒棉球将受伤鼻孔堵住。当出现骨折时，需要在止血后送医院进行处理。

（四）脑震荡

1. 症状体征

受伤后，学员会产生轻度的短时意识障碍，轻者持续几秒钟，重者持续1分钟到半小时左右。在昏迷期间，瞳孔会有放大情况，皮肤和腱反射逐渐减弱或消失，脉搏表浅，呼吸表浅，面色发白，全身肌肉松弛无力。清洗过后，患者还会有逆行性健忘症，同时伴有头痛、头晕、耳鸣、心悸、失眠等症状，有的患者还可能会恶心、呕吐、烦躁、注意力不易集中。这些症状会慢慢减轻，数日后会消失。

2. 产生原因与处理办法

产生原因：一般情况下，是学员由于头部受重击或倒地时后脑先接触地面造成的。

处理办法：伤者需要平躺、安静、保暖，不能随意搬动，伤者不能坐、站立等。昏迷不醒者，要先通过掐人中等方式让患者苏醒。伤者需要卧床休息一到两周，以保证足够的、高质量睡眠，在头痛、恶心等症状消失前，不宜过早参加训练。治疗期间谨遵医嘱，可结合药物进行治疗。

若在受伤后，昏迷时间较长，同时耳、口、鼻处有脑脊液或血液流出，清醒后伴有恶心、头晕、呕吐剧烈，两瞳孔不对称或变形，颈项强直或出现第二次昏迷时，应立即送医院就诊。

二、躯干部位常见损伤

（一）肩关节扭伤及脱位

1. 症状体征

肩关节处疼痛、压痛，上肢不能下垂，在上举或外展时疼痛会加剧，并逐渐加重。半脱位肩部变形不明显，全脱位肩部则明显畸形。

2. 产生原因与处理办法

产生原因:学员肩关节处关节囊、韧带、肌腱或肌肉拉伤或不完全、完全断裂,肩关节半脱位或脱位主要是因为倒地方法不对,肩部前上或后上部触地,肩胛骨向下或向后错动等造成的。

处理办法:出现错位时,首先,让受伤者坐立,屈肘,头及颈部略前倾,救治者立于一侧,一手拖肘部向上推送,并轻度外展患者肩部,另一手拇指向下按压锁骨外端,便可复位。其次,将伤侧肘关节屈曲成90度,用吊带固于腕关节并悬于颈部。然后,用两吊带分别穿过腋下经锁骨近端在背后打结,然后再用一条吊带穿过这两条吊带拉紧打结。最后,必要时将伤者送医院治疗。

(二) 锁骨骨折

1. 症状体征

局部肿胀、皮下淤血、压痛或畸形是锁骨骨折的表现,畸形处可触到移位的骨折断端。若骨折后有移位,则会出现重叠,肩峰与胸骨柄间距离变短。伤侧肢体功能受限,肩部下垂,上臂贴胸不敢活动,并习惯用另一只手托扶受伤侧肘部,以缓解因胸锁乳突肌牵拉引起的疼痛。

2. 产生原因与处理办法

产生原因:学员侧方摔打肩部着地力传导至锁骨发生斜形骨折,也可因手或肘部着地暴力经肩部传导至锁骨发生行形或横形骨折,直接原因暴力常由胸上方撞击锁骨导致粉碎性骨折但较少见。

处理办法:当发生锁骨骨折时应当及时送医救治。进行非手术治疗包括无移位或青枝性骨折,用"8"字绷带固定,并用三角巾悬挂2~3周;有移位骨折则是通过"8"字绷带固定/双全固定,用三角巾悬挂4~5周。严重情况需要进行手术治疗。

三、安防搏击训练中可能会发生的运动创伤及处理方法

(一) 训练中的假创伤现象

南京森林警察学院安防搏击参训学员训练实践产生了"假创"这个词,这种创伤实质上不属于真正意义上的运动创伤,但经常会被学员(尤其是一年级新生)误认为是创伤,所以被他们的队医称为假创伤。

学员主观感觉上对假创伤的印象是:身体某些部位或全身不适,伴有疼痛感,少数伴有无力现象。经过长期观察,这种其实是训练初期不适应的表现。主要是由于学员缺乏训练经验或训练经理,一般发生在新的训练模式初期,所持续的时间因人而异。

安防搏击参训学员训练中常发生的假创伤如下:

1. 小腿部位

(1)小腿前面常发生骨膜下疼痛:由于小腿前面肌肉快速收缩造成,属于训练产生的必然现象,随着训练的进行和身体的逐渐适应会消失;

(2)小腿后面常发生肌肉酸痛,有时会僵硬:这是由于训练引起的生理现象,可以通过训练后进行整理运动和洗温水澡等缓解,或在下次训练前通过准备活动消除。比较严重的

个人可以请求队医帮忙，通过实验室的先进技术辅助缓解。

2. 承重大关节

承重大关节主要是指膝关节和踝关节，大约在学员初次进入训练2周左右时间或者进入新的训练强度后，关节会感觉微微的胀痛，并且会持续很长时间，这是训练过程中的正常现象。不需要针对其做特殊处理，坚持训练会逐渐减弱直至消失。

3. 胸廓部位

在一些安防搏击动作中，由于技术所需胸廓的不同位置会撞击训练垫子，经过多次撞击后，第二天会学员肋间肌肉会酸痛，表现为伴随呼吸而产生的胸廓疼痛。这是训练引起的生理现象，当适应训练后会慢慢消失。个别人主观感觉比较严重的可以请队医帮忙，利用实验室的先进技术辅助缓解。

特别提醒：由于新学员在特警训练经验上欠缺，在判断假创伤时最好请队医帮忙。

(二) 训练中常发生的创伤及其处理方法

安防搏击训练中可能发生的绝大多数创伤是可以通过早期（24～48小时内）科学干预预防处理的，并且不会影响训练进程。

1. 皮肤创伤

平时缺乏劳动锻炼的学员手掌皮肤较嫩，抗摩擦能力较弱，所以其在爬绳子和拉单杠的时候，手掌的皮肤容易挫伤，直至有老茧磨出。针对这一问题，正确的处理方式是在训练结束后，对伤口进行消毒，并涂上如红霉素药膏等抗生素药膏。不能故意去掉表皮，而那些已破损的死皮需要用专业剪刀及时清理。

远期影响：需要在24～48小时内科学处理，尤其是在夏天，天气炎热时，细菌容易迅速滋生，应当特别注意防止感染。下课后需要及时处理以免除后患。伴随着2～3个月的训练，手掌相应部位将形成老茧。此类创伤则宣告结束。

2. 肌肉拉伤

运动经验较少的学员容易造成肌肉拉伤，因为这些学员的运动协调能力相对较差，在学习技术动作时难免会造成肌肉拉伤，拉伤主要表现为拉伤点的按压痛和创伤肌肉的收缩痛。当发生拉伤时需要立刻冰敷，并力争在当次训练课后马上冰敷。这有利于有效进行第二天的训练。若当天无法处理情况，第二天可以进行中频电疗，使疼痛基本消失。

远期影响：只要24～48小时内科学处理过，后期不会留下任何痕迹。

3. 关节扭伤和挫伤

踝关节（多扭伤），其次为膝关节（多挫伤）经常发生关节扭伤。踝关节扭伤程度不一，疼痛的程度也不同。但是，脚踝处于身体的低位，承重最大，因此需要在早期（24～48小时内）全力防止肿胀。可以采用的方法是：首先，24小时内不断地进行冰敷和冰按摩。情况严重的可以去医院拍摄X光片，排除骨折之后可以进行弹性绷带加压包扎（通过物理压迫消除肿胀）。

远期影响：只要24～48小时内科学处理过，48小时后再进行以非承重性运动为主的功能锻炼，后期不会留下任何痕迹。

4. 韧带拉伤

韧带拉伤主要发生在膝关节两侧的内侧副韧带和外侧副韧带。常见原因为：在进行双人对抗练习时,错误击中被抓捕对象膝关节侧面或者有一方倒地动作失控。韧带拉伤后表现为局部压痛,拉伤伤侧动作因疼痛而受到局限。当发生韧带拉伤后应当及时冰敷,并在1周内使用护膝稳定膝关节,1周后逐步撤掉护膝,加强训练膝关节周围肌肉。增强这些肌肉力量会加强膝关节的稳定性,既能防止韧带的进一步创伤又能促进已经创伤韧带的愈合。

远期影响:只要24～48小时内科学处理过,48小时后进行非承重性关节周围肌肉力量训练为主的功能锻炼,后期不会留下任何痕迹。

5. 脱位、骨折与软骨挫伤

在进行例如空翻等高难度的动作练习时,因为动作不协调或者注意力不集中等心理紧张问题会偶然发生骨骼与关节的脱位/骨折。对于学员来说,识别关节脱位和骨折是第一步,但不需要鉴别脱位与骨折,因为两者现场的处理方法是一样的。进一步的鉴定需要到医院做相关检查。

现场识别关节脱位和骨折的要点如下:

(1) 关节或者肢体局部疼痛拒按,旁观者利用语言引导,切忌盲目动手接触伤员受伤部位,伤员适当忍痛都不能发生动作。

(2) 关节或者肢体局部外观变形,出现假关节或者双侧肢体长度不相等。

在上述两种情况中,每种情况的存在即可判定现场怀疑骨折或者脱位。

紧急处理方法:固定骨折/脱位部位,向懂得骨折固定的老师或者学员求助。详细方法介绍参见《安防现场急救》教材。

远期影响:只要现场及时识别并科学处理过,安全送到医院接受治疗,一定会最大程度减少创伤后果,缩短创伤愈合时间。

6. 软骨挫伤

软骨挫伤偶有发生,主要是半月板挫伤。造成软骨挫伤的常见原因有:蛙跳前关节准备活动不足,致使关节滑液分泌不足,在秋季干燥季节时忽视补水的情况。需要注意的是,这类创伤由于发生在关节,痛觉敏感,有时还会伴随肿胀,需要第一时间寻求运动创伤应急处理专业人员的帮助。科学及时的处理会尽快促进创伤愈合。

实践证明,安防搏击参训学员的半月板Ⅰ度到Ⅱ度轻微创伤程度,经过早期科学处理都能完全康复。不要盲目听从社会上一些不懂运动创伤规律的普通临床医生的过度治疗建议。

远期影响:只要创伤后及时科学处理,联合使用运动康复训练,不盲目听信过度治疗建议。

特别提醒:在所有的运动创伤发生后24小时内学员都遵循病理学的炎症发生规律,即表现为肿胀的炎性渗出进行性加重。此过程中的处理方法都要遵循这个规律。一般推荐使用冰敷和冰按摩的方法进行干预。在此期间慎重使用活血化瘀的药物和理疗方法。对于创伤较严重者这个炎性渗出期可以延长至创伤后48小时。

【微信扫码】
相关资源

参考文献

[1] 运动训练学编写组. 运动训练学[M]. 北京：人民体育出版社,1999.

[2] 中国武术教程编写组. 中国武术教程[M]. 北京：人民体育出版社,2004.

[3] 张兵. 擒敌技术教程[M]. 北京：中国人民公安大学出版社,2002.

[4] 王振华. 徒手防卫与控制[M]. 北京：中国人民公安大学出版社,2009.

[5] 苏玉良. 中国式摔跤教程[M]. 北京：人民体育出版社,2004.

[6] 张连强. 古典式、自由式摔跤[M]. 北京：人民体育出版社,1991.

[7] 周波. 警务博击教程[M]. 南京：南京大学出版社,2018.